1 MONTH OF
FREE
READING

at
www.ForgottenBooks.com

By purchasing this book you are eligible for one month membership to ForgottenBooks.com, giving you unlimited access to our entire collection of over 1,000,000 titles via our web site and mobile apps.

To claim your free month visit:
www.forgottenbooks.com/free984161

ISBN 978-0-260-90159-0
PIBN 10984161

This book is a reproduction of an important historical work. Forgotten Books uses
state-of-the-art technology to digitally reconstruct the work, preserving the original format
whilst repairing imperfections present in the aged copy. In rare cases, an imperfection in
the original, such as a blemish or missing page, may be replicated in our edition. We do,
however, repair the vast majority of imperfections successfully; any imperfections that
remain are intentionally left to preserve the state of such historical works.

LETTERS

ON

ELEMENTARY AND PRACTICAL EDUCATION.

By CHARLES MONDELET, Esq.

TO WHICH IS ADDED A FRENCH TRANSLATION.

MONTREAL:
PRINTED AND BLISHED BY JOHN JAMES WILLIAMS.

1863, April 30.

Hon. _____ _____

(_____)

PREFACE.

The publication of a series of letters on Elementary and Practical Education, commenced in November last. When the first of these excellent papers appeared in the CANADA TIMES, it was not difficult to foresee that its continuation would be favourably received at the hands of the public. The result has verified my anticipation. These letters having now been so generally approved of, and the suggestions which they contain, being of such practical use, I imagined that it would essentially advance the cause of education, were they to be re-published in the form of a pamphlet. Having therefore, obtained the previous consent of the author, I at once determined to carry my views into effect. A subscription was opened to cover the expense of seventeen hundred copies at least; and to the zeal and generosity of the subscribers, the public will owe the publication of these letters in a more compact and permanent form.

The main object which the writer of the letters has had in view, has been to do away with odious national distinctions, to induce a better state of social feeling, and to found a better system of general education on a basis securing the rights and privileges of all classes, whatever may be their origin, religion politics. These letters should therefore be in the hands of every one. They are intended to act on both populations, simultaneously; for which purpose, a French translation is also published.

I have no interested views in the publication of these letters. I am merely desirous of contributing my share in the diffusion of sound, honest and enlightened opinions.

It is probably well to observe that the proposed system of education, has particular reference to the late Province of Lower Canada, the first letters having been published before the re-union of the Provinces.

May I therefore, be permitted to indulge a hope, in which I trust I am not too sanguine, that all who have at heart the peace and welfare of the country will welcome and patronize an undertaking of which must reap the benefits?

JOHN LEWIS WILLIAMS.

Montreal, April 1, 1841.

LETTERS

ON

ELEMENTARY AND PRACTICAL EDUCATION.

LETTER I.

It has been remarked, with great propriety, that " if you would purify the foun-
tains of society, it is admitted you must begin with the young." The correctness
of this observation is singularly instanced in its application to the state of society
now prevailing in Canada; still, were it to be inferred from the above quotation,
that none but an absolute interpretation is to be given to it, very erroneous conclusions, both in theory and in practice, would be arrived at. Although the
formed habits of mature age, and the character of those who are either blessed
or cursed with them, according as they are good or bad, cannot easily be changed,
still the influence which a proper system of early, elementary and practical education, must have over the minds and the hearts of the young, will not be
confined to them; it will react on the parents, and most of those who are in daily
intercourse with them. The latter will, probably, be less benefited, but should
any material or even distant action be produced, much will have been attained.

If the foregoing observations are correct, and I trust they will, on reflection,
be found to be so, we are naturally led to two most important points, namely :—
1st, Education, elementary and practical, in Canada, is necessary to the young.
2nd, Education, elementary and practical, given to the young, must influence
those of mature age.

The results to be anticipated from a proper course in that respect, are of such
vital interest to all classes in this distracted community, that the public mind
should be directed to the subject of education.

In a series of familiar letters, I intend to make an effort to agitate the public
mind, on the all important subject of Elementary and Practical Education.

I claim the indulgence of my readers; I have no pretensions to superiority of
thought, what I would say, most of us know. My object is to draw public
attention to a subject which is little attended to, probably from its being looked
upon as too familiar ; and "like the elements of nature, earth, air, fire and water,
as a matter of course, too commonplace, either to need investigation, or excite
our interest."

I have another claim on the indulgence of the public ; the English language
is not my vernacular tongue. My earnest wish, my ardent hope to see all
classes, without reference to origin, sect or political creed, benefited by a proper
system of Elementary and Practical Education, will account for my venturing to
make known, in the English language, what I humbly consider as interesting to
the community.

LETTER II.

In my first letter, I adverted in general terms, to the results to be anticipated from the operation of a proper system of Elementary and Practical Education. Before I come to lay before the public, my views as to what, in my opinion, should be the basis of that system, I beg leave to offer a few further observations.

Common or primary schools are one of the most interesting institutions in any well organized society; they are regarded as the great sources of elementary instruction; no community is safe without them; no Government is secure if it neglects or proscribes them. An enlightened people will, in most cases, guard against the corrupting influence of bad rulers. It will equally be free from the snares of ignorant, or of intriguing and unprincipled demagogues. In either case, the governed will escape the tyranny of one, that of a few, or the tyranny of the many. The cause of education is, therefore, the cause of liberty.

Independent of these most important results, others must spring from the action of Elementary and Practical Education. The moral character of the people taken collectively, the individual character of each member of the community, are elevated by education—man is bettered, and of course, the state of society improved. The duties of man towards his Creator, those he owes to his Government, and the rules he has to be guided by, in his intercourse with his fellow men, will be sacredly or lightly attended to, in proportion to the improved or neglected moral sense.

The prosperity of a country will, of course, be greater, in proportion to the individual, or to the collective industry of those who inhabit it. The success of the husbandman, the merchant and trader, the mechanic, the seaman, in fact, the success of all, must depend on their knowledge of the art, calling or trade they are engaged in; and consequently, the general and individual prosperity and happiness are essentially dependent on the degree of intelligence, and practical knowledge prevailing in a community.

Common, or primary schools, in which the elements of a sound and useful popular education are taught, are, therefore, of the highest importance to the country, and should excite the most lively interest.

LETTER III.

In a country which, from some cause or other, has been deprived of an efficient system of Elementary and Practical Education, the wants inevitably resulting from such a misfortune, are great, they are incalculable. There are few men who do not, more or less, feel the effects of such a disorganized state of society. He who does not feel it, is either an egotist or a fool; the first may be brought round to a proper sense, the latter it is difficult, nay, impossible in most cases, to influence. The generality of mankind, however, and well that it is so, are influenced, or

governed by what is looked upon by them as their interest. The moment, therefore, the people find out, in this, as in all other countries, that they have every
thing to gain by being educated, they will seek to be educated.

Before we can expect to reach a state of society sufficiently pervaded with
notions of the utility, or rather the necessity of education, it behoves all good
men to use their influence to further this great cause, the cause of education.
The true patriot, the sincere wisher of his country's good, the man who looks to
the happiness of himself and his fellow men, in this world, and a better state in
the next, is bound to exert himself to educate, or procure the means of educating
the people.

LETTER IV.

Few will deny or even doubt the truth of the assertion I made in my last letter,
that "it behoves all good men to use their influence to further this great cause,
the cause of education." I have now to add, that all good men must at once
discard whatever pre-existing prejudiced opinions they may have formed on the
mode of carrying into effect, a system of education; nay, admitting their views on
that all important subject to be correct, as I have no doubt it is the case with
many who have given any attention to it, they will at once feel that, in order to
come to a sound conclusion, they had better suspend for a short time their judgment, listen patiently to what will be proposed, and then reject or approve of the
system I am about laying before the public.

If, as I verily believe, and fondly anticipate, nothing can be more certainly
conducive to the utter annihilation of national distinctions, and the prejudices,
animosities and hatred they have engendered and fostered; than the working of
my system of education, I have some right to expect and call for, from the
public, a dispassionate attention to my suggestions.

We are all agreed that the state of anarchy we have lived in for some time
past, is destructive of our happiness. Some of us trace our misfortunes to national
distinctions which have been artfully speculated upon by some, to stir up the flame
of discord; others look upon such an excited state of the public mind, as the
effect and not the cause of the calamities we have been visited with. I deem it
unnecessary to travel out of my way, to inquire into that subject; it is, I may
say foreign to my plan; and such a discussion would, in all probability, revive,
instead of allaying, the excitement which I hope to dispel by simply removing
the *present* cause of its continuance.

LETTER V.

The electors throughout the country, had better look close to the subject of education, and take care to secure the return of men favourable to that great cause, before they give their vote. The United Legislature cannot, ought not, and will not, I trust, allow the first Session to pass by, without duly maturing and adopting a system of Elementary and Practical Education. Our Legislators will not, I hope, content themselves with a servile imitation of the Governments of the feudal ages, always bent upon patronizing academies, colleges and universities, for the education of the few ; and in their selfish and inhuman career, leaving the bulk of the people in ignorance and degradation.

On this side of the Atlantic, our notions are different, our wants are also different from the wants of those who have been trained, or are training others in this impious and unprofitable course. Let us therefore, whatever may be our origin, our religion, our politics, join heart and hand, in the noble cause of education : on the success of our efforts, depends our happiness, but the failure of our endeavors, must be followed by worse consequences than the most timid are likely to apprehend.

In my next letter, I will commence to give an outline of a plan of education or rather, lay what I conceive to be the sole basis whereon the edifice may be expected to rest safe.

LETTER VI.

The want of a general and uniform system of Elementary and Practical Education, being extreme in Lower Canada, no time should be lost in adopting such means as are calculated to remedy so great an evil.

1. National distinctions and prejudices being, in the estimation of many persons, most formidable obstacles to the carrying into operation of a uniform system of education, means should at once be devised to surmount them.

2. Those means are perhaps of an easier execution than generally anticipated, the remedy consists simply in doing away with the fears now preying upon the minds of both the English and French population.

3. There is, no man will or can deny it, a mutual distrust prevailing in a very high degree, in respect of the language ; the English population is impressed with the belief that the French Canadians are averse to and will oppose the spreading of the English language ; the French Canadians, on the other hand, are apprehensive that efforts have been, and are about being made to wrest from them their vernacular, and to force them to speak the English language.

4. It is plain that the result of such fears, is a total mistrust and want of confidence the most dangerous, and very likely to become incurable, if not attended, properly attended to immediately.

5. Let there be established in each locality, as far as practicable, a French and an English school, either in one and the same building (which I think is a preferable mode) or in two distinct houses. The result is inevitable. The English parent seeing in the midst of the French settlements, English schools, will very naturally say to himself: " Surely, the French Canadians are not hostile to the spreading of the English language, it is better I should send my children to the French school, they will learn both languages and get on much better in the world." The French Canadian parent will at once find out that he is not forcibly to be robbed of his language, he will see the propriety of having his children taught the English language which will enable them to pave their way to useful ends ; he will therefore send his children to the English school.

6. All reflecting men must be struck with one idea, that is, the now prevailing mutual distrust will vanish to make way for mutual confidence. Both populations will cease to fear what they now dread so much, their anticipations and their hopes will not be visionary, there being nothing to oppose to facts : English and French schools working simultaneously, will be unanswerable arguments.

LETTER VII.

7. I have shewn, I trust, that one of the beneficial results of the simultaneous working of the English and French schools, will be the restoration of confidence between the two populations, as regards the language ; much will already have been effected.

8. The children of both races, intermixing daily, as well for educational as for other purposes, will be on friendly terms, play together, and visit one another. The parents whose distrust shall then have been dispelled, will have been humanized ; their interest will also help them a little. They will not excite the children against one another, no more than they will grumble at their neighbours, because they happen to be of a different origin from their own.

9. The imperceptible, but powerful influence thus produced and exercised over the young, must, of necessity, react upon their parents. Good feeling, peace and harmony prevailing to such a degree, among children forgetting their origin, and united by one common tie, friendship, must sooner or later, exert their irresistible influence over those who will be the daily witnesses and admirers of such a happy state of things.

10. If such be the results, then we may confidently anticipate a full realization of the hopes cherished by all men true to their country's good, to see the community blessed with peace and happiness.

11. Peace and happiness being restored, the working of a sound system of education becomes easier; in the first instance, it has been the effect, it must now become the cause of a state of things bettering every day.

12. It must now be apparent to all, that the basis I have laid for a proper system of Elementary and Practical Education, is such as to ensure its adoption, facilitate its operation, and secure its permanency.

LETTER VIII.

13. Confidence being restored, peace following, and the feasibility of my plan being at once proved, I now, from the groundwork, proceed to other considerations no less important.

14. Let those who sincerely wish to see the English language in general use, tell me now, whether there is a better, a safer way of carrying out their views, than what I have suggested ?

15. I do believe that, like the Anglo-Saxon race, the English language must eventually spread from the borders of the Atlantic, down to those of the Gulf of Mexico, and the confines of Guatemela and Mexico, and then directing its course westward, across the Rocky Mountains, reach the Pacific. Such an event must of course, be retarded or accelerated according to circumstances. It is, however, easy to perceive that forcible means, instead of hurrying on what so many desire, must retard its progress; on the contrary, a prudent and discerning course, based on the foregoing suggestions, is sure of success.

16. It follows, therefore, that however paradoxical or absurd it might at first appear, the more you encourage the French language, the sooner the English language will be learnt, and the sooner it will become in general use.

17. No man in his senses, will dream of having the English language exclusively spoken in the British possessions; all that the most sanguine may expect is, that it will be universally spoken. In the United States, though prevalent, it is not exclusive, no more than it is, and ever will be in all well instructed communities where the rich and elegant French language will always be sought to be learnt.

18. No more is required to make of us all, one people, and to make us forget our origin. The moment the masses are enabled to convey their thoughts, meanings and wishes, by one and the same language, the end will be attained, and the sooner it is attained the better.

LETTER IX.

19. It is not sufficient to lay the basis of a system, the working of it would be impossible, if those who will be made to take an important part in its operation, were allowed to thwart the design of the authors of it. The instructors, both male and female, must aid in carrying out the plan, or be dismissed.

20. It should be made imperative on the trustees, supervisors, or others whose province it will be to engage the instructors, to make it a condition sine qua non, that they shall discourage national distinctions; and in case they should be found encouraging them, or inactive in discouraging them, dismissal and loss of salary should be the immediate and inevitable consequence.

21. Such a course could not be viewed in the light of a high handed or unjust measure, because its object being the good and welfare of the community, and the instructors engaging on those conditions, a useful end would be attained, and no contract would be violated or impaired.

22. It is admitted on all hands, that no little difficulty will be experienced in procuring competent teachers; the less instructed they are, the more time and the greater application they will require to qualify themselves; the fewer opportunities, therefore, they should have of being led away from their main occupations. Besides, to teach children is a more difficult task than most people imagine; the different characters have to be studied, known and worked upon: that alone requires and should be the constant study of the instructor.

23. Such being the case, the instructor should keep aloof from *actively* meddling in politics. I would by no means disfranchise him; from his becoming a school master, it does not follow that he should cease to be a citizen, and, enjoy the rights and privileges of a freeman; surely not. He should not be allowed to intrigue, canvass, or become a political brawler, nor convert his school into an electioneering club; still less, should he be permitted to desert his scholars, or neglect them, for the purpose of attending to any thing else but their tuition.

24. In order to avoid injustice or surprise, the teachers, when they engage, should be warned against their attending to any thing but the instruction of the children; it should even be made a condition *sine qua non* of their engagement, that in case they should in the least, swerve from that rule, the immediate punishment would be dismissal and loss of salary.

LETTER X.

25. So far, we have the parents willingly aiding in doing away with national distinctions, and the children first influencing, and afterwards influenced by them; then the teachers, both male and female, discouraging those impious, absurd and unprofitable distinctions, and the same teachers bound to apply themselves exclusively to their duty, and therefore, keeping themselves and their scholars, free from political strife, thereby paving the way to peace, acquirement of knowledge, and consequent thereupon, qualification to know and exercise in time, the rights of freemen, and fulfil the duties of their station in life.

26. The public should bear in mind, that the system which is now proposed, must be carried out on a broad principle. It is not sufficient to teach children reading and writing, they must be prepared (each of them) for the station they may be called to, in mature age; they must be trained to a right course, to the great end of all well organized communities, the highest possible degree of peace and happiness. We need not expect to see such a state of things in Canada, if the foregoing suggestions are not attended to.

27. You may try as many systems of Education as you possibly can imagine; you may seek to improve the mode of tuition, and for that purpose, secure the most efficient aid and assistance, you will never succeed to carry out any of those systems in Canada, and you need never expect the realization of the most philanthropic aspirations, unless you ground your work on the sole basis it can safely be expected to rest upon, and that is, removing distrust, and restoring confidence.

28. Before I come to another but no less important part of the subject, I mean the difficulties supposed to be insuperable from difference of religion, I entreat the public to reflect upon what I consider to be, if not the only way, at all events, one of the certain means to be used to effect what we all hope, or should hope, to see, the restoration of confidence and the disappearance of national feuds, and then, springing therefrom, the natural and easy working of a good system of Elementary and Practical Education.

LETTER XI.

29. It is seriously apprehended by some intelligent, sincere and well meaning men, that the diversity of creeds or religions prevailing in this country, will offer insuperable obstacles to the operation of a general and uniform system of education.

30. I do not mean to deny that there will be difficulties, no more than I am free to admit that they cannot be overcome. Even granting those difficulties to be great, we are the more imperiously bound to seek for the means which are most likely to remove them.

31. We should not commence by suspecting others of a want of charity or of christianlike feeling, and afterwards take it for granted that there is no cure for it. It would be more reasonable to lean the other way, and endeavour to meet every one on friendly terms.

32. There is and and may be difference of opinion on dogmas, and in fact, it is that very difference of opinion that constitutes difference of religion; there is probably no way to prevent that. But we have nothing to do with that diversity of sentiments; the working of a system of education does not depend on the possibility of such different opinions being eventually reduced to one and the same creed,—no, no, surely not.

33. The only thing in that respect, to be constantly kept in view, is that the system of education should be made to work in such a way as to prevent the dogmas or the religious belief of each religion or sect, from being in the least interfered with.

34. It is right that the different religious denominations should have guarantees that they stand perfectly free from any interference of the kind. It is the only way to secure the continuance of the confidence which I have, I trust, proved will be eventually the result of the suggestions contained in the preceding letters.

35. It now remains for me to shew that all this may be effected, to the satisfaction of the different Christian denominations.

———

LETTER XII.

36. If the management of the school system was entrusted to the exclusive care of any one religious denomination, or if it was attempted to leave it to all the sects in their religious capacity, no doubt but what jealousy and the worst of feeling would, in the first case, be engendered, and in the latter, total confusion, and, of course, an utter impossibility to act.

37. The same baneful consequences would be the result of an attempt to place the whole system under the exclusive controul of the Government.

38. I will go further: although the people are the most interested in the matter, there would be danger, and to say the least, confusion might arise therefrom, were the people to have the exclusive management of the system.

39. The Government, the Clergy and the People must therefore, in my opinion, share in the management and the responsibility of the school system. The Legislature will, of course, determine the line of demarcation between them; I have neither the right nor the desire to do it; it is, however, a matter of no great difficulty.

40. How then is the children's religious education to be attended to? Others will ask me at once, do you mean to exclude from the schools, all religious instruction whatever?

41. To the last question, I readily answer in the negative. But it does by no means follow, that because religion constitutes the basis of education, controversies and discussions on religion, should find their way into the school room.

42. As to the other question, "how is the children's education to be attended to?" I beg leave to say that this most important part of education, is to be attended to in such a way as to facilitate, instead of obstructing the course of instruction to the *whole* people of the country. And this is of easier execution than at first supposed.

LETTER XIII.

43. The diversity of creeds prevailing in this country, does not, of course, admit of a thorough tuition of all that appertains to religion; and as it has already been observed in other words, special or exclusive instruction would inevitably lead to confusion, and prevent the due operation of any system of education. At the same time, there must be a religious basis or foundation, but in the schoolroom, it should be such as to secure the assent of all, and effect the good of all classes and all religious denominations.

44. Is it because some are opposed to an unlimited and uncontrolled reading of the Bible, and others are in favour it, that a *whole* population is to be deprived of education? Surely not, especially when there are such easy, practicable and safe means of compromising the opinions of either.

45. Those who think that no restraint should be put upon the reading of the Bible, will readily admit that the children frequenting the common schools, will never have the leisure, and few the capacity, to read through the sacred volume. The teachers themselves will generally be found averse to and incompetent for such a task; and those whose mental powers happen to be of a higher stamp, would disagree, introduce useless and dangerous controversies, and instead of securing the good will and respect of their pupils, would embitter their feelings, and set them against one another.

46. There is in the Bible and the New Testament, enough of general doctrine which applies to and should regulate the actions of men, to form a volume which would be both attractive, interesting and useful to the young. The principles of sublime morality which pervade the whole volume, are intermixed with such an abundance and diversity of facts, that judicious extracts made therefrom, would, in this respect, answer all purposes.

47. Now, to suppose that the clergymen of the different denominations of Christians in Canada, would be opposed to such a course, is an insult to them all, it is a gross libel on the best feelings of humanity.

48. I therefore take it for granted that there will be no difficulty in bringing together, a respectable number of divines of all the different denominations, for the purpose of agreeing on such extracts as will form a book easy to be understood, and which will become of infinite use and benefit in the schools, lay the foundation of religious and moral education, without interfering in the least with any dogma, and be the means of effecting what our Saviour did seek to establish on earth, good will, charity and love amongst all men.

LETTER XIV.

49. Should it be deemed advisable to teach catechism in the schools, on the ground that the book of extracts mentioned in the preceding letter, although answering all the ends adverted to, would nevertheless be insufficient to instruct the children in their faith, I would beg leave to be permitted to observe that such a special instruction should perhaps altogether be left to the clergymen presiding over the congregations the children respectively belonged to. It is their province, it is their duty to attend to those matters, and surely they are or should be more competent to discharge that most important duty, than school masters.

50 But I will suppose for a moment that catechism should be taught in the schools, what is there to prevent the carrying into execution of the following rules, namely : let the protestant children enter the school in the morning, an hour before the usual time, and repeat the catechism ; in the afternoon let the catholic children be allowed an hour either before or after school time, for the same purpose. Is there much, is there any practical objection to such a reasonable arrangement ? there can be none.

51. I entreat all thinking men, seriously to reflect on what I have said—those suggestions are not made at random ; they are the result of continued meditation. The correctness of my observations, struck me at once, but I did not trust to the first impression, I thought and thought again, compared and consulted, and after mature deliberation, I was impelled by a sense of obligation, to offer my humble assistance in aiding the progress of a cause whereon depends our fate.

LETTER XV.

52. It would be less difficult to carry out an indifferent system of education, with the aid and assistance of intelligent and truly good men, than it would be to attempt any successful experiment of an excellent system, were its operation to be entrusted to men neither philanthropic, respected or possessed of great moral courage.

53. In a country like Lower Canada, the above remark admits of only one interpretation, there cannot be two.

54. The enlarged, disinterested and patriotic views of certain high minded men, have at all times, and under the most trying circumstances, enabled them to do more for the good of their countrymen, than all the legislative provisions and governmental acts could ever effect.

55. It is therefore evident that the success of a system of education, either this or any other, whether the difficulties of its execution be very great or less, will depend on the way it is attempted to be enforced. There are certainly prejudi. ces : my object, as I have stated very plainly, is to put down national distinc. tions, that will be the mainspring of the working of the whole. None, therefore

but men who are possessed of great moral courage, who are the true friends of their fellow beings, who are thoroughly acquainted with the relative position of all parties in Canada, and whose advice and recommendations will be attended to, and acted upon by both populations, need be selected for the purpose.

56. Neither the English nor the Canadian population will have any confidence in the working of the system, if its operation happens to be under the auspices of men who are not perfectly free from all national feeling whatever, and known as such.

57. The task will be an arduous one, and most likely to prove any thing but agreeable. If performed honestly and courageously by intelligent men, the whole country will, I have no doubt, see better days ; and these men will go down to the grave, with an honourable conscience of having been instrumental in imparting to their countrymen, the blessings of education, peace, comfort and happiness.

LETTER XVI.

58. Having disposed of the most important part of the subject, I will now, from the principle and basis of the system, proceed to the details, and enquire into the mode of carrying it fully into execution.

59. What remains to be said, may come under three heads, namely :—

I. The mode of raising the education or common school fund, and all that pertains to the pecuniary department.

II. The means of effectually carrying into execution, the present system of education, comprising the organization of the common schools.

III. The discipline and interior management of the schools.

60. Following up the foregoing division of the subject, let us enquire, first, into

THE MODE OF RAISING THE EDUCATION OR COMMON SCHOOL FUND, AND ALL THAT PERTAINS TO THE PECUNIARY DEPARTMENT.

61. In this, as in some other countries, where the grown generation has not the advantage of being generally well instructed, it cannot be expected that their zeal for the education of their children, will be very great. Unaware of the immense power of knowledge, many of those parents who are deprived of it, will more or less keep back. Others overrating the value of the aid and assistance they derive from their children, especially in the country settlements, will mostly look to actual pecuniary profit, and neglect the means of securing instruction and all its consequent blessings for their children.

62. Moreover, it has been learnt by experience, that what costs little, is in general little thought of. Education, if those who require it most, are not made to contribute to the means of bestowing it, will stand low in their estimation, and little trouble will be taken to obtain it.

63. Besides actually contributing to the Education Fund, and to the means whereby the system is to be kept up and carried through, the parents should be induced to take a direct interest in the operation of the schools, and that interest must be such that none of the children capable of attending school, be kept away from it.

In my next, I will exemplify this.

LETTER XVII.

64. In order to induce the people not to make light of education, and to feel an interest therein, and when so interested, to send their children to school, a pecuniary contribution by means of a direct tax, must be recurred to.

65. It will be objected that a direct tax will be unpopular, that it will excite the people against the working of the system, the ends whereof, will, in consequence, be defeated.

66. In answer to these objections, I beg leave to offer the following observations. A direct tax is not always an inconvenient mode, even to the man who pays it, of raising a revenue whatever; and if, in the present case, as will be shewn, the people are made to pay much less, in order to secure to their children a good education, than they would, under the operation of other systems, have to contribute indirectly, and obtain for them but a bad education, then there can be no doubt as to the propriety of taxing directly.

67 Independent of a direct tax which will bear but very lightly on each head of a family, there should be a fine imposed upon parents who don't send their children to school; such fines being applied to the purchasing of books for the use of the schools.

68. Those even who are of opinion that the course pointed out, is inexpedient, will not deny that it will force parents to send their children to school. Should there be any grumbling after all, it must be of short duration, and the benefits which will be secured both to parents and children from the useful education bestowed upon the latter, will soon and richly compensate for the little ill humour occasioned by the course I suggest.

69. It strikes me that the only cause of the direct tax being, perhaps, at first unpopular in some quarters, is the want of education in many parents, and their inability to appreciate the blessings of knowledge. Are we then to wait until the present grown generation has altogether disappeared, to propose a system, the object of which is to remedy the present evil, and guard against worse?

70. I will, in my next, clearly show that under proper management, the parents have in the present, every thing to gain over the past systems, if they are made to pay a direct tax.

LETTER XVIII.

71 It being apparent that in the present state of society in Lower Canada, direct taxation is essential to create that interest for the education of the young, which will be wanting in a high degree for some time, I will now show that far from being oppressed, the parents will be made to pay much less than under the operation of former systems.

72. To instance this clearly, let us take the Education Bill of 1836, which was intended to be, as in fact it was, a better provision for the wants of the country, than any of the others which had preceded it.

73. Under that system, the country was to be divided into 1,658 school districts; let it be divided into 1,300 districts, so as to enable us to understand better, the following calculations taken from the Report mentioned hereafter. It has been estimated on an average, * that in each school, there will be at least 50 children always attending. Taking into consideration the amount of the School Fund, that to be completed to make up the sum required to meet the expenses of the whole establishment, including normal as well as elementary schools, allowances for poor districts, purchase of books, &c., it was computed under the system of 1836, that in order to educate 33,160 children, £71,000 yearly, were required, taking out of the pockets of the inhabitants every year, in the rural districts, £30,600, falling upon, at most, 33,160 parents, each parent paying about 16s. a year.

74. From a better combination and calculation, £25,000 only would come out of the pockets of those parents, by means of a direct tax of 8s. or 10s. a year, and what is more striking, is that the same amount, at a much lower rate of assessment on each inhabitant, might be realized between 200,000 tax payers, instead of falling on 33,160 parents.

* Mr. A. Buller's Report to Lord Durham.

75. So that under the Bill of 1836, 50 parents would have had to pay each 16s. yearly, by means of contributions among a small number 33,160 to make up the sum of £30,600 ; whereas a direct tax of 2s. 6d. on each of about 200,000 parents would form the lesser sum of £25,000, coming out of the pockets of the inhabitants in the rural districts.

76. Again, under the operation of the Bill of 1836, 33,160 children would have been very indifferently educated, at the enormous cost of £71,000, whereas by means of the direct tax above mentioned, double that number of children, that is, about 66,320 might be well educated for £57,000.

77. I have made use of the preceding calculations, to prove that not only will education progress better by means of direct taxation, but that the parents will have to pay much less than they would otherwise have to do.

LETTER XIX.

77. The sums of money mentioned in my preceding letter, will form part of the complement to be paid by the inhabitants, in order to make up the *deficit* of the whole sum required to support the establishment.

78. How, then, is the fund itself to be obtained, and how must it be applied ?

79. In the adjoining state of New York, where they have had much experience in those matters, the Legislature supplies each town * with a certain sum yearly, to meet the expenses of elementary instruction. The town, on the other hand, is bound to assess itself to an equal amount,—that system works well. If the town had to provide alone for the amount required, it would, in all probability, either refuse, or be incapable of meeting such a demand. On the contrary, were the funds exclusively derived from the aid or vote of the Legislature, the town would not feel any interest in watching the application of the monies of which it would pay but a very small proportion. The Legislature is liberal in its aid, without however impairing the interest which one always feels in his own deeds.

80. Besides, in the State of New York, the prevailing opinion which is found to be in accordance with experience, is in favour of that system. The poor is more jealous to obtain means of instruction which bear light on him, but which he knows he contributes to, than he would be to procure them, were they gratuitous and bestowed as an act of charity.

81. In the State of Connecticut, as early as 1655, parents and masters neglecting to send their children and apprentices to school, were liable for the first offence, to pay a sum of ten shillings ; twenty shillings, if three months after

---

* A town consists of lands, houses, public buildings, roads and inhabitants.

the first condemnation, a second became necessary. In case of a third offence, the delinquent was liable to a higher fine, or could be deprived of the guardianship of his children or apprentices.

82. A combination resulting from both these systems, might, I believe, answer our wants. The fund might be raised as in the State of New York, and the supineness of parents might easily be corrected by means of a direct tax, and fine · in case they should neglect sending their children to school, from the age of five to that of sixteen.

83. The above are merely suggestions, admitting of modifications; they may, however, suffice perhaps, to lead to better.

LETTER XX.

84. I hope I have been understood. The supplies to carry out the system, will be derived partly from the vote of the Legislature appropriating from the proceeds of the School Fund, a certain sum of money; the surplus, the localities will have to provide for, by means of assessments; the votes of the Legislature taking effect only, when the local assessments are made available, and not till then.

85. The Jesuits' Estates, whenever placed at the disposal of the Legislature, (a course which it is the duty of the Government to pursue) and public lands, would yield a considerable part of the sum required. The lands might be sold, and the capital invested profitably. The Jesuits' Estates, under proper management, would in time, be very productive. Besides, the Legislature aware of the paramount importance of educating the people, would not be wanting in the performance of its duty.

86. Another fund would, in my opinion, be required, if not at the outset, at least, very soon. I mean a fund for the purchase of district school libraries, to be raised and paid over to the districts, only when an assessment equal to the sum voted by the Legislature, would have been effected by the inhabitants.

87. I beg leave to make from the Annual Report of the Superintendent of the Common Schools of the State of New York, to the Legislature, of the 3rd January, 1840, the following extract, on the subject of Common or District School Libraries :—

"The introduction of school libraries, is an improvement which is perhaps destined to exert a stronger influence upon the intellectual character of the people, than any which has been attempted in this State. It would be natural to suppose from the name, that these libraries were intended solely for the use of schools; but they were not established with so narrow a design—they were recommended to the Legislature by the Superintendent of Common Schools, in the year 1834, for the benefit of those who have finished their common school

education, as well as those who have not. They were designed as an instrument for elevating the intellectual condition of the whole people, by introducing into each school district, collections of books which should be accessible
to all.

*   *   *   *   *   *   *   *   *   *

"Common School Libraries are in the strictest sense, institutions for the benefit of the people. They are like the common schools, among the most effectual
means of correcting, (as far as human regulations can correct them) those
inequalities of condition which arise from superior advantages of fortune. The
intellectual endowments of men are various; and it is therefore in the order of
nature, that individuals shall not enter on equal terms into competition with
each other, for the acquisition of wealth, honour and political distinctions. But
it is in the power of human governments to guard to a certain extent against
greater inequalities, by providing proper means of intellectual improvement for
all. Under any circumstance however, those whose pecuniary means exempt
them from devoting any portion of their time to manual or intellectual exertions,
have an advantage over those who are compelled to gain a subsistence by their
own industry. The time which may be devoted by the latter to intellectual
cultivation, is often extremely limited; and they will labour under still greater
disabilities, if the facilities for improvement within their reach, are scanty and
imperfect."

(This extract to be continued in my next letter.)

LETTER XXI.

COMMON SCHOOL LIBRARIES.

*Continuation of extracts from the Report of the Superintendent of the
Common Schools of the State of New York, made to the Legislature, on
the 3rd January, 1840.*

"By raising the standard of common school education to the greatest possible
elevation, the duty of the Government will be fully discharged, so far as the
foundations of moral and intellectual character are concerned; and it can do
nothing further but to place within the reach of all, the means of improving
themselves by reading. The children of men of wealth will always be supplied
with books from their resources; but the children of those who are unable to
purchase libraries must, at the termination of their common school course, be
deprived in a great degree, of the means of improvement, unless public libraries
are established and placed within their reach. Common School Libraries are
therefore, particularly calculated to benefit persons of limited means, and they
should comprise works on all subjects of practical usefulness, as well as books

designed to excite a taste for reading. The mechanic and the farmer should be able to draw from them, the knowledge which is necessary to enable them to make the most beneficial application of their own powers, by teaching them how to render the laws of nature subservient to their use; for even in those departments of labour which depend principally upon practical operations, a knowledge of the laws to which they are subject, is indispensable to the attainment of the highest degree of skill and success."

88. I need not offer any apology for having favoured the public with copious extracts from such a well digested and so eminently practical a public document as the Report above mentioned. The importance of Common School Libraries, and the facility with which they might here as well as in the State of New York, be established, will, I trust, escape the attention of no intelligent member of the community.

89. I am aware that those Common School Libraries could not be introduced at the outset; however, it is well to bear in mind their usefulness, so that in proper time, they may be made to come in general use.

LETTER XXII.

90. If the mode of raising the Common School Fund, obtaining in the State of New York, be adopted by our Legislature, it must be apparent to all, that the localities having to assess themselves to an amount equal to the sum voted by the Legislature, (and that previous to their receiving such provisions) the fund will always be on the increase.

91. These letters not being intended as a complete index to all matters of detail which a general system of Elementary and Practical Education must be pregnant with, the public will see at once, that I merely throw out hints, and give the outlines of a system. The foregoing suggestions, as well as those which I have to offer, may aid and assist in maturing a plan, leaving afterwards to the Legislature, in its wisdom, to determine on the course to be taken.

92. It is to be hoped that the Government will lose no time in placing at the disposal of the Legislature, as ample means as in its power, in order that such a fund be secured at the outset, as may render certain, prompt and beneficial the operation of the system.

93. The absolute and military Government of Prussia, is at present, displaying great zeal and activity in diffusing elementary and useful knowledge among the whole people; in the United States, there is, for the instruction of the young of both sexes, in the houses of Refuge for juvenile delinquents, a regular system of education, which works admirably well. Will it therefore be recorded that our Government is inimical to the instruction of the people here, and cold hearted enough to stand in the way of civilisation, behind a despotic Government and the discipline of a house of Refuge for juvenile delinquents?

94. It is to be hoped that the United Legislature, at its first session, will give this important subject its most serious attention, and prove to the community at large, that we are no longer to be deprived of a system of education by means of which, the same and indistinct instruction shall be given to all classes, whatever may be their origin, religion or politics, national distinctions effaced, peace and harmony, confidence and happiness restored, and the prosperity of the country secured.

LETTER XXIII.

95. I now come to

THE MEANS OF EFFECTUALLY CARRYING INTO EXECUTION THE PRESENT SYS-
TEM OF EDUCATION, COMPRISING THE ORGANIZATION OF THE COMMON
SCHOOLS.

96. The Government and the Legislature cannot be too often reminded that the success of the system (whatever it may be) will chiefly depend on the men who are selected to carry it through. Truly patriotic and disinterested, clear-sighted, practical and very energetic but prudent, such must be the men at the head of the system.

97. Besides, as already observed, those men, however intelligent and honest they may be, can never expect to see their laudable exertions crowned with success, if they are not favourably known to the country, and distinguished by their being perfectly free from national prejudices.

98. I will go further : ONE may be free from national prejudices, and yet not possess that moral courage which alone enables a truly philanthropic man to carry out his views, without allowing himself to be deterred by party clamour, or by blind and obstinate opposition caused and kept up by ignorance, which it is his object to dispel.

99 It is not difficult to see the truth and bearing of the foregoing observations; it remains therefore for the Legislature and the Executive, the first carefully to legislate, and the latter judiciously to select men who will advance, instead of retarding the course of Elementary and Practical Education in Canada. A failure in that respect would be fatal, and with the Legislature and Executive would rest the awful responsibility.

LETTER XXIV.

100. In order effectually to carry into execution the present system of education, the first step is, I apprehend, the dividing of the whole country into school districts.

101. A commission should, in time, be appointed for that purpose: it should of course, consist of men well acquainted with the country, and who from their character, would ensure to the public, a correct and impartial discharge of their duty. I take it for granted that their powers will be limited to the object now in contemplation, and that the moment the divisions are made, and their report thereof laid before the proper authorities, their jurisdiction shall be at an end.

102. Territory and population should be combined: territory in order to centralise the chief localities, for the more convenient purposes of the inhabitants and their children; population to equalize, as much as possible, the grants and rates of taxation, and have a standard basis whereon a fixed and uniform repartition may be acted upon, and justice done to all equally.

103. In principle, it should be so, I think. When we come to the practical operation, such a course will not only be found perfectly consonant to justice, but singularly easy, and such that none or few will object to it.

104. By referring to Letter XVIII, No. 73, it will be seen that I have made use of certain calculations to be found in a report therein mentioned, grounded on the supposition of the existence, of 1,300 school districts. Such a division of the population and territory is of course inapplicable to my system, the inferior departments whereof, if engrafted upon and made to work with the two Ordinances mentioned in my next letter, must necessarily require different sectional divisions, as will be explained, No. 115.

105. The propriety of thus laying a fixed principle or basis is apparent—the population being always on the increase, the mode is equitable, and in practice, it admits of no difficulty.

106. Territory being also taken into consideration, it follows that until a new district is formed, owing to an increased population of 300 inhabitant householders, the children of that surplus population would attend the schools in the adjoining district. On their application, and subsequently, on a representation thereof being made by the School Wardens to the Inspectors, and by the Inspectors to the Superintendent, a new division would be effected. This will be better understood, when we come to that part of the system more particularly connected with those different officers.

107. If there be municipalities in operation, when the school system is carried into execution, its working will greatly be facilitated, especially in that which will be more closely connected with the election of the different officers necessary for the carrying into effect, of the various legislative enactments to be expected in that respect.

· 108. Assuming then, the existence of two Ordinances passed by the Governor and Special Council, one 4th Vict. c. 3, intituled, " An Ordinance to prescribe and regulate the appointment of certain officers, in the several parishes and townships in this Province; and to make other provisions for the local interests of the inhabitants of these divisions of the Province;" the other of the same year, c. 4, intituled, "An Ordinance to provide for the better internal Government of this Province, by the establishment of local or municipal authorities therein," or some other like legislative enactments whereby municipalities and parish and township officers might be appointed or elected, for the local interests of the inhabitants in the country settlements, I now proceed to suggest a plan of organization which appears to me to be comprehensive, simple and free from those intricacies and multiplicity of office, which are both inconvenient and dangerous; inconvenient because they embarrass the energetic action of a system; dangerous, because splitting as I might say, that very same action, they lessen too much, the responsibility which should and may safely attach to, the few departments coming within the present system.

109. The first of the above named Ordinances provides for the election of three Assessors within every local division consisting of not less than 300 inhabitant householders, who "shall assess all such rates and taxes as shall be imposed by any act or acts of the Legislature of this Province, or by other competent authorities, and be payable by the inhabitants thereof." It provides also for the election of a Collector for each of the said divisions, whose duty it shall be " to demand and receive from the inhabitant householders of the local division for which he shall have been elected Collector as aforesaid, all rates and assessments due and payable within such local divisions, and he shall account for, and pay over the monies so received by him, in such manner as shall be directed by law."

110. By the other Ordinance, c. 4. sec. 28, it is enacted that " it shall be lawful for the Governor of this Province, to appoint in each of the said Districts, one fit and proper person to be and be called the District Treasurer; and such appointment shall be made by an instrument to be issued under the Great Seal of this Province, after the person named by the said Governor, shall have first given good and sufficient security, to be ascertained and determined by the said Governor, for the due execution of the office of Treasurer, and for the faithful accounting for all monies which may come into his hands, by virtue of the said office." * * * * * * * * *

111. The above enactment might, with a few modifications, be made available in my system, as I shall have an opportunity of shewing in my next letter.

LETTER XXVI.

112. The preceding letter had better be read over, before going any farther. Had I attempted to embrace in one letter, all I have to say on this particular subject, I would have made it too long.

113. Bearing in mind therefore, the enactments of the two Ordinances I have had occasion to advert to, the following organisation might, in my opinion, be adopted.

I. At each meeting for the election of the officers required by the said Ordinance, c. 3, let there be elected three Assessors for each School District, their rights and duties to be defined by the School Law. They should, previous to acting, take an oath of office.

II. At each of the said meetings, let a Collector be elected for each of the said School Districts. The duties of that officer, will be of the same nature as those of the Collectors for the local Divisions. These School District Collectors should give good and sufficient security, to the satisfaction of the School Wardens I shall presently speak of, for the discharge of their duties.

III. By the other of the above Ordinances, c. 4, it is, as I have already observed, provided for the appointment by the Governor, of a District Treasurer, who is to give security to the satisfaction of the Governor.

The School District Collectors should be bound to pay over to the Treasurer for the Municipal District wherein the School District is included, all the monies by them received from the inhabitants, to be afterwards distributed by the Treasurer, in such a way and at such times, as would be determined by the School Act, and on an order or warrant from the School Wardens mentioned hereafter. The Treasurer should lay before the Governor and the Superintendent, annually or semi-annually, a detailed return and account of the whole school expenditure coming within his Treasuryship, and then the Governor should lay the same before the Legislature, at an early period of each of its sittings.

IV. Instead of there being three different officers, viz: School Commissioners, Trustees and School Visitors, I would suggest the propriety of concentrating the duties of these several officers, into School Wardens for each School District, to consist of the resident members of the clergy and ministers of religion, two householders resident in the School District, appointed by the Inspector, and two by the District Council, yearly. The legal estate in all elementary school houses of each School District, and all the real property attached thereto, should be vested in them. They would also see that the provisions of the law respecting the building, repairing and warming of the school house, &c., were properly enforced. Those Wardens should have the nomination of the teachers, providing those teachers had previously qualified, by obtaining a certificate of capacity, religious principle and good morals, from a Normal, Model, or other school competent to award such certificates. They should have the right to visit, without previous notice, the schools in their respective School Districts, provided that no less than four Wardens should do so at a time. They should be invested with the right and power of dismissing teachers, in case of misconduct. The teachers' allowances or salaries to be paid by the Treasurer, should previously be ordered to be paid, under the warrant of the School Wardens. They would have to report yearly to the District Inspector, and recommend, whenever the case would occur, the formation of new School Districts ; publicity should be given to these Reports, by having them posted in some public place, or deposited where the inhabitants might have access to them.

114. The details of administration in those four departments, shall have to be regulated in the School Law.

115. Such, I consider, should be the organisation of the inferior departments of the school system.

I will now explain in a few words, how the School District Divisions, should, in my opinion, be made :—

The total population of Lower Canada, is about 700,000. I have by numerous comparative calculations, ascertained that the number of inhabitant householders, as well proprietors as lessees, such as are contemplated in the two above mentioned Ordinances, will bear a proportion of 1-6 to the whole; this will give us 116,000, to which should be added 4000, as an allowance for the Townships, where the number of children is much less than in the *Seigneuries*, we have therefore 120,000 inhabitant householders. Each School District, I have suggested, should consist of 300 inhabitant householders, we shall consequently have 400 School Districts.

In my next letter, I will explain what are my views as to the higher and more important functionaries.

LETTER XXVII.

SUPERINTENDENT OF COMMON SCHOOLS.

116. At the head of the school system, there should be placed a man qualified in all respects, to be called the Superintendent of Common Schools. His duties being of a high character, and the working of the system being entirely dependent on that officer, he should be religious, talented and energetic, clearsighted, practical, benevolent, and perfectly free from national feeling and prejudice, and known as such. He should be conversant with the best systems of Elementary and Practical Education, and of course with both the French and English languages. He is to be the Trustee of the Permanent Education Fund, and distribute it according to the prescribed proportions. The books to be used, the studies to be followed, and the direction of the school discipline, should be under his exclusive controul. By him, all questions or difficulties arising out of the interpretation or working of the School Law, should be determined without appeal. He should annually lay before the Legislature, a comprehensive Report of the condition of education in the Province, and all that has reference to it. The Inspectors' Reports to him, together with those of the District Treasurers, he should receive and classify, and lay before the Legislature, with all such observations, comments and suggestions which he might deem adviseable ; his Report should receive the widest possible publicity and circulation. He, as well as the Inspectors, should be appointed by the Governor, during good behaviour, and reside at the seat of Government. He should be bound to abstain from politics, discard all national distinctions and sectarian principles, views and discussions, under pain of removal. As the object is to avoid his being in the least unduly interfered with, either by the people or the Government, and that he should be free from the unwarranted influence of either, there should be a tribunal before which he might be tried and convicted, or acquitted. The Court of Appeals, even were the Judges made independent, should not, in my opinion, be called upon to inquire into such matters. It may, at first, be supposed that such a tribunal would offer a sufficient guarantee to the public, for an honest, unbiassed and competent inquiry and judgment ; but besides the impropriety of such investigations being mixed up with the duties which solely should attach to the judicial office, it is obvious that the Superintendent or Inspectors might involve themselves, or be led into difficulties whereon a judicial adjudication would be required and asked for, at the hands of the inferior tribunals, and appeals instituted for the purpose of having their decisions revised. In such a case, the Judges in Appeal, having already formed, expressed and recorded their mature and deliberate opinions, what justice could the aggrieved party expect? It is therefore necessary to look elsewhere for the constitution of a tribunal whose decisions would not only be impartial, but also above the shadow of a suspicion of partiality.

LETTER XXVIII.

117. The Superintendent of Common Schools, is to be appointed by the Governor during good behaviour; he is to be made independent, he is to be free from all undue influence which might be attempted to be exercised over him, either by the Government or the people, otherwise he cannot be expected to pursue a steady course, and to discharge his all-important duties, with impartiality towards *all*, *all* the various and multiplied classes of the community.

118. If then, either with foundation, or from malice and in a spirit of persecution, he should be accused by the people or the Government, the community have a right, it is due to the parents, it is due to the children, to public justice, and to the honor of all the departments of education, that the head of the whole system, should be traduced before none but a tribunal not only perfectly impartial, but even above the shadow of a suspicion of partiality.

119. The Government having the right of appointment, should neither be the judge, nor nominate the judges or any of them, to inquire into and adjudicate upon the charges brought against its own officer. Still, the organisation I am about suggesting, for the composition of a Tribunal of Impeachment, is such that although strictly speaking, the Government should have no influence on its decisions, it will not be altogether without a voice, or unrepresented.

120. The Crown appoints all the members of the Legislative Council; it also nominates the Speaker of that branch of the Legislature; it has therefore, I might say, a semi-influence over that body, or may have it over some of its members. It follows therefore that if the Tribunal of Impeachment is composed partly of members of the Legislative Council, and partly of members of the House of Assembly, there should be fewer appointed by the Upper House than by the popular branch, otherwise it will be impossible to maintain that *equilibrium* which should be preserved in all the departments of the school system, in order to ensure a pure and unsuspected administration of the whole, to all classes without distinction.

121. I beg leave to add that it is well to guard against all human probability of connivance between all or part of the members of the Tribunal of Impeachment, for the purpose of defeating the ends of justice; the greater, therefore, the number of judges, especially if they are taken from different bodies, the less danger there will be of their uniting for the unholy ends above adverted to.

122. Having given this subject all the attention I have been capable of, I have come to this the following conclusion :—

123. I propose that the Tribunal of Impeachment be composed of seven members, two named by the Legislative Council, and three by the House of Assembly, and that the Speaker of the Legislative Council, and the Speaker of the House of Assembly, be *ex-officio*, and of right, members of the Tribunal.

124. There being seven members, no decision but that of the majority may be expected, nor ever made available.

LETTER XXIX.

125. The Province should be divided into five Inspectorships, each Inspector to be appointed by the Governor, during good behaviour. Those Inspectors should, in case of malversation, be accused before, and judged by the Tribunal of Impeachment mentioned in my preceding letter. Each Inspector should reside at the *chef-lieu* of the Division or Inspectorship. I propose five Inspectors, in order that there may be one in each District. Their duties should consist in receiving, collecting and classifying all the Reports made to them by the School Wardens; making extracts from these reports, and sending them every six months to the Superintendent, together with their own observations on the state of the schools, &c., in the shape of a Report which should receive all possible publicity, in the Division or Inspectorship.

It should be the duty of the Inspectors, to visit at least once a year, all the schools in their respective Inspectorships. They should, like the Superintendent, under pain of removal, abstain from meddling with politics, discard all national distinctions and sectarian principles, views and discussions.

126. It is obvious that those Inspectors should be men of character, and that their intellectual and moral qualifications should hardly be inferior to those which are required from the Superintendent.

127. I would see no objection in applying to the three towns, the principle of organisation which I have suggested for the election of Assessors and Collectors, and the appointment of School Wardens; bearing in mind nevertheless, that the number of Assessors should, as much as possible, be proportioned to the population, and the School Wardens should consist of a certain number of householder residents appointed by the Inspector, and an equal number appointed by the City Council. The monies collected in pursuance of assessments, might be paid into the hands of the City Treasurer. There being no Corporation in the town of Three Rivers, a Treasurer might be appointed by the Governor, and be subjected to all the duties consequent upon such an office, and which would be very nearly the same as those to be discharged by the District Treasurers. It is of course, to be expected that the District Treasurers and the City and Town Treasurers would receive an additional salary, in consequence of the increase of their duties and their responsibility.

128. I shall next take a comprehensive view of the whole organisation, and shew that its various and component parts are likely to be a salutary check upon each other, and be the means of securing to all classes, without any distinction whatever, a fair and beneficial administration in all the departments of the system.

LETTER XXX.

129. In order to see clearly into the principle and the practical part of the organisation of the system, it is well we should first glance rapidly at what is contained in the four preceding letters.

130. The Province * is to be divided into School Districts of 300 inhabitant householders; territory being also taken into consideration, in order to centralize the chief localities, for the more convenient purposes of the inhabitants and their children.

Those divisions are to be made by a Commission whose jurisdiction and powers shall cease, the moment their Report is completed and submitted.

On the representations made by the School Wardens to the Inspectors, and by those functionaries to the Superintendent, new divisions will be effected, the surplus population to form until then, part of the adjoining School Districts.

In each School District, there are to be elected three Assessors.

In each School District, there is to be elected a Collector, who is to give good and sufficient security, &c.

The monies collected by the Collector in pursuance of the assessments made by the Assessors, shall be paid over to the Municipal District Treasurer to be appointed by the Governor, under the provisions of such laws as are or may be enacted for the establishment of District Councils, such Treasurer being bound to give good and sufficient security, &c.

There shall be in each School District, School Wardens invested with the rights and powers which might attach to School Commissioners, Trustees and School Visitors, to consist of the resident ministers of religion, two householders resident in the School District, appointed by the Inspector, and two by the District Council, yearly.

The Province is to be divided into five Inspectorships, each Inspector appointed by the Governor, during good behaviour.

At the head of the whole system, will be placed a Superintendent called the Superintendent of Common Schools, to be also appointed by the Governor, during good behaviour.

The Superintendent and Inspectors shall be bound, under pain of removal, to abstain from meddling with politics, discard all national distinctions and sectarian principles, views and discussions.

In order to avoid the interference and influence of the Government or the people, and enable them to discharge their duties without fear or favour, the Superintendent and Inspectors cannot be removed, unless accused before, and convicted by a tribunal to consist of seven members, two named by the Legisla-

* The word "Province" is here used to designate the *ci-devant* Province of Lower Canada.

tive Council, three by the House of Assembly, and the Speakers of each of those branches of the Legislature, to be *ex-officio* members of the tribunal.

Slight and unimportant modifications will be required for the three large towns, as observed, No. 127.

131. In my next letter, I will shew that from the foregoing organisation, such a combination will result, as will ensure a perfect *equilibrium*.

LETTER XXXI.

132. I have, I trust, in my 12th Letter, satisfactorily made out that the management and responsibility of the school system, should be left exclusively neither to the clergy, nor the Government nor the people, but should be shared by them all.

133. The organisation I have suggested, is combined in such a way, as to meet this all-important point.

The people will alone elect the Assessors and Collectors, and by means of the appointments made by the District Councils, secure in each School District, two School Wardens whose rights, duties and powers are very extensive and important. The Treasurers and Superintendent are appointed by the Governor, but they are accountable to the Legislature, since the Governor and the Superintendent to whom they shall have to make returns of all the school expenditure, must lay the same before the Legislature.

The Clergy will have a very important share both in the responsibility and the management of the school system, it being their privilege and their right that all the resident ministers of religion in each School District, and a certain number, in the large towns, be. *ex-officio* School Wardens, the duties and rights of those officers, embracing all those usually vested in School Commissioners, Trustees and School Visitors.

The Government will have the appointment of the District Treasurers, the Inspectors and the Superintendent.

Here again, the public have a guarantee for the impartial discharge of the duties of those officers. The Treasurers' accounts are to be laid before the Legislature. The Superintendent and Inspectors are appointed during good behaviour, and cannot be removed but by the judgment of a Tribunal, the composition whereof is such as to place it above all suspicion.

It is evident therefore, that the various and different component parts of such an organisation, are likely to be a salutary check upon each other.

134. In devising such a plan, I do not lay exclusive claims to originality. I have consulted different systems, retrenched, added and combined, and I have, I hope, presented one which, on reflection, will be found to be in accordance with the circumstances and wants of the country, and such as to secure the rights and privileges of all classes without distinction.

D

LETTER XXXII.

135. At the outset, the operation of the School Law may be attended with difficulties. However, should it be deemed advisable to appoint a Commission, it should be for no other purpose than the dividing of the Province into School Districts. The checks resulting from the different component parts of the school organisation above detailed, are likely to contribute powerfully to the working of the system, by making it popular. Commissioners appointed by the Crown, would not offer any of the guarantees the Clergy and the people have a right to, and which would be met at the hands of the Superintendent and the Inspectors directing, and supported by the simultaneous and energetic co-operation of the other departments.

136. As soon therefore, as the School District Divisions are made, let the Superintendent and Inspectors be appointed, and all the elections and other nominations gone through. I take it for granted of course, that the municipalities, and the law regulating the election and appointment of parish officers, will then be in operation. There will be less to do at first, than when the whole is in regular progress, but that is no reason why the proper and best mode of doing what is to be done, should not at once be adopted.

137. It is certainly fortunate in one respect, that there is now no system whatsoever in operation—no previous claims, no acquired rights, no plans to execute, and no conflicting interests to impede the progress of any organisation which it would be necessary to engraft on that existing at the time.

138. I beg leave to remark that it will be the duty of us all, to aid, to the utmost of our power, the working of the system of Elementary and Practical Education that will be sanctioned by the Legislature. It may be deficient in some respects, but if upon the whole, it is such as to lay the foundation of a solid edifice which may in time, be brought to perfection, or considerably improved, surely we cannot ask for more.

139. Let those who are desirous of seeing their fellow men educated, and rise in proportion to the degree of instruction which it is sought to impart to them, give the subject their best consideration. Their observations and their suggestions shall, of course, be welcomed. Whatever is wrong in the foregoing system, and whatever is found to be incorrect in what remains to be said, let them point out, not forgetting however that the *ensemble* rather than the minute examination of each part separate from, and without reference to each other, should be looked at, in order to calculate what the probable effect will be.

LETTER XXXIII.

140. The greatest defect which our common school system must be expected to labour under for some time, will be the deficiency under which the Prussian schools languished so long, the want of efficient and qualified teachers, an evil which it is important to cure by means of an active but safe process.

141. In Prussia, as well as in the United States where they have profited by the experience of that country, Normal Schools have been resorted to with success, and I have no doubt but what we may do much in the same way, if we only take the right course.

142. No material progress was ever made under any system of education, " until the ancient practice of teaching, by merely storing the mind with facts, was exchanged for that which first investigates the intellectual faculties and the laws of their developement, and adapts to them, the proper subjects of instruction, and the methods by which knowledge is most successfully communicated."

143. The truth of the preceding observation which has been made by a man of talent and much practical knowledge, is so apparent, that it must at once, strike every reflecting mind, that our own system of Normal and other schools, should be based upon the same principle, otherwise the end which we have in view, the improvement of our fellow men, and their education both moral and intellectual, can never be attained.

144. Although I shall in another place, have occasion to dilate more than I feel myself at liberty to do here, on the course of instruction which alone may enable us to reach the point we aim at, still I cannot forbear from availing myself of another remark for which I am indebted to a very intelligent man,—" no plan of education can now be considered complete, which does not embrace a full developement of the intellectual faculties, a systematic and careful discipline of the moral feelings, and a preparation of the pupil for the social and political relations which he is destined to sustain in manhood."

145. From the above principles and observations, it follows that there must be a common and fixed standard of primary education. The only way to make it so, is the establishment of Normal and Model Schools, where good and uniform instruction will be obtained for the teachers destined for the Common Schools.

In my next, I will suggest what I consider the best mode of attaining such a desirable end.

LETTER XXXIV.

146. Having shewn that, at the very outset, Normal and Model Schools should be established, I now proceed to the organisation of these indispensable institutions.

147. Should the Judicature Ordinance ever go into operation, there will be four large districts or Territorial Divisions. In that case, I think there should be a Normal School for each District, to be centred at the *chef-lieu* of each. Should the present Judiciary system be preserved, or any other devised and carried into execution, there should, in my opinion, be a Normal School for each of the grand divisions of the country, to be, of course, located at the *chef-lieu* of each of these grand divisions. It is not necessary to inquire now, what should be the course of studies in the Normal Schools, I may in all probability, do so hereafter ; suffice it, for the present, to remind the reader that the course of studies to be followed, will be under the exclusive control of the Superintendent.

148. I much approve of the suggestion which has already been made, of having a farm attached to each Normal School, where both the theory and practice of agriculture might be taught.

149. Female education should by no means, be neglected ; it should receive the best attention of the Legislature, and that of intelligent persons whose individual exertions are likely to aid in its improvement. Women exercise, or should exercise considerable influence in society ; to them, the early education of children is mainly indebted for its success or failure, its progress as well as its perfection being essentially dependent on, and resulting from the first impressions they receive.

150. I will not for the present, enlarge on that all important subject ; the short and rapid notice I have thus taken of it, will suffice to show the necessity of extending to the other sex, all the benefits of Normal and Model, as well as of Elementary Schools.

151. It therefore appears to me, that the Legislature should, out of the School Fund, provide for the formation and maintenance of a Normal School, not only for males, but also for females, in each of the large Districts.

152 It would be impossible, by means of four or five Normal Schools, to form a sufficient number of teachers both male and female ; other and more convenient, cheap and ready means of instructing teachers of both sexes, and also giving a better education to such as would be desirous of procuring it, must be devised.

153. In order to establish schools of that description, teachers will be required ; however there will be less difficulty in obtaining the requisite number of teachers for Model, than for Common Schools. When that small number of instructors has been procured, Model Schools may be set in full operation, without much difficulty.

154. Let there be a Model School in each county. None but boys and girls, provided with a certificate of capacity, good conduct and religious principles, from the teachers in Common Schools, and the School Wardens in the School District in which those boys and girls have been educated, should be admitted into the Model Schools.

155. In order to excite emulation and secure proficiency, I think, it should be a rule that every year, the most proficient boy and the most proficient girl in each District Common School, should be of right, entitled to admittance into the County Model School. By means of such an arrangement, there would always be in each County Model School, as many boys and as many girls, as there would be Common Schools. It might be prescribed in the School Law, that at the outset, six boys might be admitted into the County Model School for boys, and the same number of girls in that for females. When the system would be in regular progress, there should, of course, be no limitation to the number of scholars.

156. In order to secure teachers, it would be well to allow each boy and each girl studying in the Model School, two pounds a year, on condition of their becoming teachers at the expiration of their school time, making it incumbent on each, to give security for their refunding the amount, in case they should not fulfil the condition. That allowance, though not considerable, independent of its being an encouragement to young people, would aid them in meeting the additional expense attending their being often removed from the parental roof.

157. Whenever a vacancy occurred, in the Model School of any county, a teacher of Common Schools, should have the privilege of promotion, and on his or her being chosen by the Inspector of the District, out of a certain number consisting of one boy and one girl from each School District, recommended by the School Wardens of each School District in the county, or a majority of them, as possessed of capacity, good conduct and religious principles, he or she should become teacher in that Model School.

158. The Model Schools should be, in all that has reference to examination, visiting, and dismissal of teachers, under the immediate control of a certain number of School Wardens and the Inspector of the District, in the following manner.

159. As it is impossible to bring a Model School under the immediate, ready and efficacious control of all the School Wardens in the county, one School Warden might be chosen by the School Wardens in each School District, and of such so chosen, might be formed a Board for the above purpose. Any dereliction of duty, the teachers would be guilty of, or any complaint made against them, would have to be investigated immediately, and, if substantiated, reported to the Inspector, who, thereon, would dismiss the teacher, and appoint another out of those recommended, as provided under No. 157.

160. Whatever legislative provision is made on this particular point, will require to be very precise and accurate.

LETTER XXXV.

161. It has already been suggested, and very properly in my opinion, that the teachers of Common Schools, should be bound, during vacation, to attend the Model School of their county, to improve themselves, and become competent to discharge their duties.

162. Besides this advantage, another would be obtained, I mean uniformity of teaching, at least in the leading part of it.

163. It is evident that male and female Common School teachers would require less time to learn at the Model Schools, than boys or girls sent from the latter, for the purpose of becoming acquainted with the art of teaching, and their frequenting Model Schools in vacation would, if at all turned to profit, be of signal service both to themselves and the children.

164. I have (No. 155) suggested that every year, the most proficient boy and the most proficient girl in each Common School District, should be of right, entitled to admittance into the County Model School. It is plain that we must not stop there. Those boys and girls if they stood foremost in the Model School, or others who would, should, when so determined by the Board of School Wardens provided for, No. 159, be sent to the District Normal School, either on their own pecuniary means, or, on a recommendation from the Board, out of the fund for the indigent, as specified in the *aperçu*, or sketch mentioned in the next letter, and to be found in the Appendix.

165. The Normal Schools would of course give a decided high tone to the mode of tuition. In them, young people of both sexes, would acquire more knowledge than in the Model Schools, and would thereby qualify as teachers in those Model Schools, to which they would impart a vigorous and elevated character, or make themselves competent for teaching in a higher sphere of education, if, as it is natural to expect, provision is made at a future period, for maintaining higher schools.

166. Proposing, as I do, to limit the operation of the present system, to Elementary and Practical Education, I must not travel out of my way and speculate on the probable or even possible effects which a discerning mind will, at once, be led to anticipate from the judicious management of the Normal Schools, in respect of what does not exclusively bear on the working of the system. In Prussia, no material advances were attained until teachers' seminaries had been established, and a new class of instructors had been trained up; this is a consideration of sufficient importance, to leave no doubt on our minds, as to the propriety of adopting in Canada, a mode of improving which has been so eminently successful in Prussia.

167. I need not dwell on the attainments which would be required at the hands of the teachers of both sexes, in the Normal Schools. The Superintendent under whose immediate and exclusive control those schools would be placed,

would feel too much interested in the proper working of the whole system, not to make judicious selections of teachers, and watch vigilantly over them, as well as on every department of those schools.

168. The competency of students in Normal Schools, to become teachers, and therefore to leave for that purpose, might be determined, 1st, by the certificate of the Professor in the Normal School. 2d, by a reference to the District Inspector. 3d, by the ultimate and final decision of the Superintendent, if required.

169. Any other and better practical mode of attaining the same results, should of course be preferred.

LETTER XXXVI.

170. Before I close the present series of Letters, I will lay before the public an *aperçu* or sketch of what I look upon as the scale whereby the expenditure of the whole system, should be regulated.

171. It would have been more regular perhaps, to have done it, under the division or head which has a peculiar reference to " the mode of raising the Education or Common School Fund, and all that pertains to the Pecuniary Department ;" but besides its being premature, and prefacing instead of coming after the complete developement of the system, and the enumeration of the various departments necessary to its efficacious working, I think it would have been difficult, if not impossible, to comprehend what now will, at once, be clearly understood.

172. It is of vital importance to the country, that those who take a part in the administration of the different departments of the system, should be respectable in their character, and competent to discharge their duties ; they should moreover, be placed in a situation such as to offer the public a guarantee for the continuance of their integrity and efficient accomplishment of all their duties. The safest way will, I have no doubt, be found to be their exclusive attention to their calling, and their never being tempted with, and if so tempted, altogether prevented from, ever having any thing to do with matters foreign to their educational duties. A reference to what I have said in Letter IX, is peculiarly applicable to this point.

173. It therefore follows that all the teachers must be well remunerated. Make the profession respectable in the eyes of the public, you secure respectable men and women as teachers. The standard of education will rise in proportion to the character of those who are called upon to take a part in the working of the system ; and instead of having immoral and ignorant teachers, and consequently immoral and ignorant scholars, you will ere long, see the community blessed with a sound system of education vigorously and morally administered, new life infused into society itself, and the prosperity of the country obtained.

174. There can be no profession more honorable and useful than that of a competent teacher; he should be treated as the guardian of youth, and honoured wherever he is met with. His actual exertions for the intellectual and moral improvement of the young, are above all praise; the influence they are calculated to have on society at large, and on the destinies of a whole nation, is stupendous.

175. If such be the case, and few will be found to doubt it, a suitable provision should be made by the Legislature to bring about such a desirable, such an important result. Better have the youth remain ignorant, than entrust their hearts, their minds, their every thing I may say, to improper guardianship.

176. The higher departments of the school system, must of course, be confided to none but able and respectable men who, from a duty to their fellowmen and a desire of being *truly* useful to society at large, will devote all their time and bring all their energies to bear on this *sole* object; men who must not expect that they will be allowed to witness in idleness and contemplative enjoyment, the happy results of plans conceived by the genius, and set in operation by the energetic philanthropy of others, but who must make up their minds for the honest and laborious discharge of their duties, and devote all their time to the improvement of the system, and thereby make it what it is intended to be, the means of regenerating the country, and ensuring the happiness of all its inhabitants, without distinction.

177. Bearing in mind the foregoing important considerations, I apprehend there cannot be much difference of opinion as to the propriety of the suggestions embodied in the sketch of the expenditure resulting from, and necessary to the working of the system, which will be found in the Appendix.

LETTER XXXVII.

The next and last division of the subject is,

The Discipline and Interior Management of the Schools.

178. Although the course of studies, the books to be used, and the direction of the school discipline, should, in my opinion, be under the exclusive control of the Superintendent, as I have suggested, No. 116, it is nevertheless proper and important that the public should know what it is here intended he should expect.

179. If the suggestions which I have made regarding the qualifications to be required at the hands of the Superintendent, and the discreet selection of men calculated to carry out the system with advantage to the country, are attended to, there will be no danger, nor even inconvenience, in reposing such a high trust in the Superintendent. Being appointed during good behaviour, being alike free from the undue influence which might be attempted to be ex-

ereised over him by the Government or the people, he will be enabled to pursue a straightforward course, and extend impartial dealing to all, without being led astray either by the frowns of the ruling power, or by the clamor of demagogues always ready to criticise, without having the talent to propose better measures, nor the moral courage to carry them through.

180. The splitting of the action in a superior department, necessarily weakens it, its effect is of course in proportion, and the whole administration instead of being energetic and prompt, becomes feeble and slow, an evil which in the working of a system of education, should above all, be guarded against.

181. I have, I trust, said enough here and in some of the preceding letters, to show how important it will be to entrust the Superintendent with extensive means of acting with decision, impartiality and judgment; still I am of opinion that the public has every thing to gain, by a free and unbiassed *exposé* of whatever may be considered as the leading principles whereon the discipline and interior management of the schools should rest.

182. The suggestions I have to offer, are not in the least, intended to subject to a fixed rule, the management of a department which I think should come under the exclusive control of the the Superintendent; they are merely thrown out, with a view of exciting public interest to a subject which is of paramount importance. The public will naturally inquire into, and discuss the matter, and such opinions will be formed and made known, as may help if not direct the course which the Superintendent will determine to take, when he is called upon to act.

183. What I have to say under the present head, is essentially practical; coming therefore within the range of a greater number of persons than what has been made the subject of the preceding letters, the direction of the schools is expected to draw forth observations and suggestions from others who may be, or have reason to consider themselves as competent to offer them.

LETTER XXXVIII.

184. I have already observed that the success of the working of the system, will chiefly be dependent on the integrity, zeal and competency of the head of all the departments, I mean the Superintendent of Common Schools. I say chiefly, not exclusively, for those qualifications which are indispensable to the right administering instruction to children, must be found in whomsoever is called upon to take any part in the carrying out of this or some other educational system.

185. Keeping constantly in view, the preceding plain and practical truth, we may better be enabled to follow up the train of suggestions which I beg leave to offer, on the discipline and interior management of the schools; the last, though not least important part of the subject which I have, for some time past, occupied the public with.

E

186. Among the many important points which in respect to Common Schools, deserve the attention of the community, there is one which stands foremost, that is, the making of the school house comfortable and convenient. The location of the school house, is the last thing generally thought of, and that which is mostly neglected. Out of very ill placed economy, the worst site is preferred to that which would unite pleasantness and cheerfulness to salubrity. People will be very careful in looking out for a convenient site whereon to locate a stable or some other outbuilding, but they act as if altogether unmindful of the comfort of their children who, for several years, are doomed to remain, study and attend to their educational duties, during at least six hours a day, in the school house.

187. How often do we not witness the indifference; the culpable indifference of parents in that respect ? The cattle are carefully protected from the inclemency of the weather, and the school house is located either on the top of a hill, where the wind and cold in winter are alike injurious to the children, or in a sandy plain, where they are scorched by the dog-day sun.

188. This subject is of such magnitude, that I need not apoloize for giving a copious extract from Mr. Mann's Report on School Houses. Alluding to the jarring interests between different parts of the School District, in selecting a place for a school house, he remarks as follows :—

" It has been often objected to the people of our State, that they insist upon having the school house in the geographical centre of the district. And other things being equal, surely it ought to be in the centre. But the house is erected for the children, and not for the acres; and the inconvenience of going fifty or even eighty rods farther, is not to be compared with the benefit of spending a whole day in a healthful, comfortable, pleasing spot, one of salutary influences upon the feelings and temper. Place a school house in a bleak and unsheltered situation, and the difficulty of attaining and preserving a proper degree of warmth is much increased ; put it upon a sandy plain, without shade or shelter from the sun, and the whole school is subjected to the evils of heat and dust ; plant it in low marshy grounds, and it exposes to colds or more permanent diseases of the lungs, and impairs habits of cleanliness, both in dress and person ; make one side of it the boundary of the public road, and the persons of the children are endangered by the travel when out, and their attention when in, called off the lesson by every passer by ; place it on a little remnant or delta of land where roads encircle on all sides, without any place of seclusion from the public pass, and the modesty of nature will be overlaid with habits of indecorum ; and a want of decency enforced upon boys and girls, will become physical and moral turpitude in men and women. But build it where some sheltering hill or wood mitigates the inclemency of winter; where a neighbouring grove tempers the summer heat, furnishing cool and shady walks ; remove it a little from the public highway and from buildings where noise and clattering trades are carried on ; and above all, rescue it from sound or sight of all resorts for license and dissipation, and a sensibility to beauty, a purity of mind, a sentiment of decency and propriety, will be developed and fostered, and the chances of elevated feelings and correct conduct in afterlife will be increased manifold. Habits of mental order and propriety are best cherished amidst external order and propriety. It is a most beautiful trait in the character of children, that they take the keenest delight in the simplest pleasures. Their desires do not tax commerce for its luxuries, nor exhaust wealth for its embellishments. Such pleasures as are imparted by the cheerful light and the quickening air, by the way-side flowers, the running stream, or the music of birds, are sufficient for the more gentle and pensive ; and the impetuous and exuberant spirits only want a place to let off a redundant activity of their arms and legs. And how cheaply can these sources of gratification be purchased. Sometimes a little of the spirit of compromise, sometimes a little forgetfulness of strife amongst parents, engendered on other subjects, would secure to the children the double boon of utility and enjoyment. Yet how often are the unoffending children ground between the collisions of their parents ? "

In my next, I will offer a few more observations, in addition to the foregoing interesting extracts.

LETTER XXXIX.

189. The somewhat lengthy but useful illustration of the importance of properly locating school houses, contained in the extract from Mr. Mann's Report, given in the preceding letter, is indeed very striking. It should never be lost sight of, every member of the community should be guided by it, whenever they are called upon to do or advise any thing regarding the building of school houses.

190. The construction of the school house is equally important. The interior should be such as to render more easy, the operations of the school, and enable the master to see at all times, whatever takes place within its precincts. It should be spacious, otherwise the danger to health from foul air, may be very great. It should be well ventilated, well warmed, and the light so managed, as not to injure in the least, the eyes of the children. The children should never be allowed to read or write with the sun shining on their books, they never should write with their backs to the window, and their bodies obstructing the little light they may receive from it, especially in a dark afternoon ; they should always read in the erect posture, there should be suitable seats with backs to them. " School rooms should be arranged in such manner," says the learned, benevolent and experienced Dr. Howe, of Boston, " that the light of the sun can be admitted in the right direction, not dazzling the eyes, but striking upon the books. There should be facilities for admitting the light fully in dark weather, and for excluding it partly when the sun shines brilliantly."

191. To each school house, there should be attached a certain portion of land, a part whereof for the use of the teacher or teachers, the remainder for a play ground, healthful exercise being essentially requisite. Each school house should have a bell to ensure punctuality, and a time piece to establish and maintai regularity; there should also be a pump at hand, or some other means of procuring constantly fresh water.

192. It is scarcely necessary to observe that proper and convenient outbuildings should be erected on the lot, as may be required.

193. To some people, the foregoing suggestions may appear either too officious or useless; they are not so, I believe; past experience has shown that so little attention has been paid to the important considerations these suggestions are pregnant with, and to the injurious consequences which the neglecting of them, has brought upon the children and the character of the schools in general, that I hesitate not in saying that it will be the duty of those who may have any hand in the practical part of the system, carefully to inquire and reflect, before they determine on the location, the building and arrangement of the school houses, and conform themselves to the wholesome advice which is now held out, or seek for and follow better, if to be found.

194. Having disposed of this preliminary which, properly speaking, comes within the attributes of the School Wardens, but which it would have been criminal not to notice here, I shall next endeavour to take a practical view of the course the Superintendent would do well to prescribe to himself, to the end of a more advantageous and honourable discharge of his important duties.

' LETTER XL.

195. I have in my 11th, 12th, 13th and 14th letters, adverted to the evils which must inevitably result from religious controversies, if they are allowed to find their way into the school room; instead of harmoniously working, this or whatever system of education is proposed for this country, must fail, if the recommendations I have made, are neglected. I do sincerely believe that what I have suggested, is sufficient to ensure to all classes and shades of religious denominations, a full guarantee that their rights and privileges will remain untouched, and that on no account whatever, the dogma will be interfered with.

196. It is not however to be inferred that no religious education is to be given, and the children are to be brought and kept together in schools, learning earthly things, without the least care being bestowed upon the cultivation of the heart, and the training of the soul into a moral and religious course. God forbid that such a monstrous doctrine should ever be held out in this or in any other country.

197. "Religion," says a distinguished writer, "claims the highest place in the range of education ; * * * * * *.   it is the basis of all virtue, the foundation of all excellence in character, the only inexhaustible fountain of all happiness."

198. Impressed as I am with the importance of such religious education, and the influence it must have over all the actions of every individual in this as in all other communities, and consequently with the necessity of imparting to the young, the blessings of its early tuition, I have been led to suggest, and now more strongly do I recommend the propriety of making from the Old and New Testaments, such extracts as may convey historical, religious and moral instruction, without in the least, introducing into such a book, any thing which partakes of the dogma.

199. Divines of the different christian denominations cannot, and I trust, will not object to such a course; it is alike advantageous to *all*, detrimental to none, and the most powerful means of securing unanimity.   Thus we would have a book easy to be understood, and likely to become of infinite use and benefit to the schools, lay the foundation of religious and moral education, without interfering in the least with any dogma, and be the means of effecting what our Saviour did seek to establish on earth, good will, charity and love amongst all men.

200. As to the question whether catechism should be taught in the schools, I do not mean to take upon myself to decide, but I am inclined to say that there is not an absolute necessity for it.   I have already observed that such special and important instruction should perhaps altogether be left to the clergymen presiding over the congregation the children respectively belonged to, it being their province and their duty to attend to these matters, and surely they are more competent to discharge that most important duty, than schoolmasters.

201. I beg leave to refer the reader to No. 50, Letter X1V, wherein I have suggested a mode of obviating many difficulties, in case it should be determined to have catechism taught in the schools.

202.. To the pastors and to the parents, must chiefly devolve the care of the spiritual and religious instruction of the youth, let them attend to it, it is their bounden duty to do so.   Fireside education is the most influential as it is the most important ; advice coming from tender parents, is respectfully listened to ; it is, in most cases, followed, if illustrated by the force of example.

203. I will dismiss this subject, by repeating what I have said, No. 42, in speaking of religious instruction for children ; this most important part of education, is to be attended to in such a way, as to facilitate, instead of obstructing, the course of instruction to the *whole* people of the country.

LETTER XLI.

204. Taking it for granted that religious education will be attended to with all the care, prudence and liberality which will be essential to its success, I now come to the course of studies which the Superintendent shall have to pre-scribe for the Normal, Model and Common Schools.

205 And first as to the Normal Schools, the course of studies should be made to embrace reading on the best approved principles, writing, French and English grammar, with exercises in writing and composition in both languages, arithmetic, mensuration and book-keeping, geography, and especially that of the western continent, in all its practical bearings, the use of the globes, elements of astronomy and navigation, elements of practical geometry, art of drawing maps and plans; elements of chemistry, as applied to arts and trades; the principles of horticulture and agriculture; an abridged course of mechanics; natural history; moral philosophy and the public law of the country, in addition, sewing, knitting and all the branches of useful needlework, in the Normal School for females; and more especially, theoretical and practical lessons on the best mode of managing the classes, conducting the instruction, maintaining the order and government of a District Common School, in one word, the best mode of conducting a school, and the best method of teaching.

206. The suggestions I have made, (No. 156,) as to the propriety of obliging students in Model Schools, to give security for their refunding the allowance therein mentioned, in case they should not, at the expiration of their course, follow the occupation of teachers should not be lost sight of, and might, I think equally apply here.

207. The duration of the course of studies in the Normal School, might, I apprehend, be limited to three years; however,, experience will be the safest guide on this point.

208. It is evident that all the observations, suggestions and recommendations contained in Letters XXXVIII and XXXIX, regarding the location, construction, &c. of school houses, and all that has reference thereto, should obtain in this particular.

209. As the difficulties in school government, arise from the want of knowledge, both of the world and of the school room, the want of self knowledge and self government in many of the teachers, the want of system in the arrangement and exercises of the school, so as to keep all usefully employed, and other such causes, it will be the duty of the Professors to attend most carefully and diligently to those important particulars.

210. In Model Schools, the course of studies might probably be more limited, and confined to the ordinary branches of a French and English education, such as spelling, reading, writing, sacred history, ancient and modern history, geography in all its practical bearings, and especially that of America, arithmetic, mensuration and book-keeping; and sewing, knitting, and useful needlework to

females. It is, however, my decided opinion, that as soon as practicable, the course of studies in Model, should as much as possible, be assimilated to those of the Normal Schools. But what should engross the care and attention of the teachers in Model Schools, is the best mode of managing the classes, conducting the instruction, and maintaining the order and government of District Common Schools. What I have said, (Nos. 208 and 209,) is equally applicable to the Model Schools.

211. It is difficult, for the present, to say what should be the duration of the course in Model Schools; two years would probably suffice. However, when the system is in operation, a little experience would soon enable us to determine the time to be devoted to these studies; and besides, much information might be collected from the certificates or Reports (when required) of the Board of School Wardens provided for, (No. 159.)

212. I now come to the Common Schools. The course of studies must not be that of the Model, and much less that of the Normal Schools, especially when the system first comes into operation. Still, let it be recollected that practical instruction is to be imparted to the *whole* people, that knowledge which they can turn to profit to themselves, and consequently to the community at large. Therefore, I think it would be sufficient to teach reading, writing, grammar, arithmetic, geography, sacred history by means of the book of extracts from the Old and New Testaments, above recommended, the teacher reading every day a passage therefrom, or if considered, as in my opinion it would, a useful addition, by means of a short book of sacred history expressly written for children, to which might be added a geography of the Bible. As to history in general, I think the children might learn much in a good book of geography, such as Peter Parley's which is admirably well calculated for their historical, geographical and moral instruction, and to which a few additions and changes might be made to adapt it to our schools. I attach great importance to geography, if well taught. Those who need a better education, may go to the Model School, where means of improvement will be afforded them.

213. How long children should be kept at the Common School, is impossible to determine, their proficiency or backwardness will enable both parents and teachers to find out and pursue the proper course.

LETTER XLII.

214. Another important matter for the consideration of the public, is the duration of the school year. Should the children be made to attend school the year round, save a few weeks of vacation, or should the period of the opening and that of the closing of the yearly course be at once determined by the School Act?

215. In other countries, at least in the rural districts, the schools are limited, in some to eight months in the year, according to circumstances. In Canada, I see no reason for such a course ; if competent teachers are obtained, it will be better, I think, and conducive to a greater and safer improvement of the system and of the children, to keep the schools opened at all seasons, provided a reasonable recess or vacation is allowed, one in winter, or Christmas holidays, and the other in summer, or Midsummer holidays..

216. Such recesses or vacations will be doubly advantageous ; to the children it will prove a relaxation which is indispensable, and to the teachers in Common Schools, it will afford an opportunity of frequenting the County Model Schools, for the purpose of improving themselves. Three weeks might be allowed for each recess or vacation.

217. It is a necessary consequence that the recesses or vacations in Model Schools, should be at periods different from those at which the children in the Common Schools would be allowed theirs.

218. The School Law should be explicit on that point, I mean that it should be directed therein, that the schools should be opened the year round, save recesses or vacations, the period and duration of which might be left to be determined by the Superintendent.

219. I have already suggested the propriety of frequent visits to the schools by the School Wardens, without previous notice, in order that the progress of the children may be better judged of, as also the competency of the teachers. I would now beg leave to add that in each school, at the eve of the recess or vacation, an examination without the previous mechanical training so common in most public institutions, should take place ; parents would attend, their presence would be an encouragement to the teachers and scholars, and a source of great satisfaction to all parties.

220. A Register should be kept to hand down from year to year, the names of the best and most proficient children, with such comments on their praiseworthy behaviour, as might hold them up to the respect and imitation of their school fellows, or those who would come after them. The same rule might apply in all the schools. I anticipate the most beneficial results from such a course, if followed.

221. At each public examination, the Register might be thrown open, for inspection, thereby securing a check on the master for a strict peformance of his duty, and a stimulus of the most encouraging kind to the pupils.

222. Prizes or marks of distinction might also be given to the children best behaved and most proficient in their studies during the year ; books would be costly, but wreaths of maple leaves would answer the same purpose, without its being attended with needless expense.

223. Thus, whatever tends to reward merit, and encourage children, should invariably be resorted to, and firmly but prudently persevered in ; and whatever might operate as a check upon evil propensities and improper conduct, should be acted upon. For that purpose, there might be another register or journal called the " Merit Roll," or " Class Book," in which a daily account would be kept of every scholar's attendance, scholarship and deportment, a report from which might be read once a week in open school.

LETTER XLIII.

224. In the discharge of his duties, the Superintendent will certainly not omit that of preparing for all the schools, a short code of regulations which the teachers shall have to read in open school, once immediately on the children first entering on the course at the outset, and on their return from the recess or vacation, and at such other time as may be deemed proper, according to circumstances.

225. Those regulations should be hung up in a conspicuous part of the school room, and inflexibly but not tyrannically enforced.

226. It has been ascertained that corporeal punishments lower, instead of raising in their own estimation, the unfortunate children who are thus made the victims of the birch discipline. If this view of the subject be correct, and I take it for granted that most men will acknowledge that it is, I beg leave to offer a few suggestions which are obviously practicable, and will refrain from entering into any discussion on the subject.

227. Education being properly physical, moral, intellectual and social, a wide field is opened to the consideration of the Superintendent, and by a discreet and temperate use of his authority, as well as by means of a judicious course which he shall have to prescribe, the common and simultaneous energies of the head of all the departments, and those of all who will co-operate with him, will suffice to keep the minds of the children in such activity, as to need no debasing and cruel treatment to prevent evil.

228. In the House of Refuge for juvenile delinquents at Boston, corporeal chastisements are prohibited, and still, an assemblage of hitherto unruly, abandoned and vicious children are easily and effectually trained into the path of amendment, virtue and usefulness ; they become well educated, and from a life of profligacy, they return to one of order and soberness, a wonder which is wrought by means of a discipline elevated and elevating in its character, and proved to be a correct one, from its results.

F

229. Will any one pretend to say that the children of a truly moral population, most of them as yet untainted with vice when they are sent to school, will be so ungovernable, as to baffle the beneficial operation of a discipline whereby abandoned wretches, or disorderly boys and girls are restored to a sense of their own dignity, and made to walk firmly in the path of virtue?

230. These highly important considerations, I entreat the public, and those who will be called upon to take a part in the working of the system, seriously to reflect upon. The birch may be an *active* treatment, and save much trouble to the teacher who may happen to dislike moral influences, but assuredly he must expect an abundant harvest of bitter fruits to himself, and misfortune to the unhappy youths confided to his care, if he undertakes to lower the children of a highly moral people, beneath the inmates of a House of Refuge for juvenile delinquents.

231. With the view of reducing to a practical illustration, what I have before observed, I beg leave to suggest the following constitution, if I am permitted to use that expression, for the interior moral discipline of the schools.

232. Let each school be divided into three classes; one consisting of the best behaved children, the other of the not well behaved, and the third of the bad and unruly.

233. Whenever any infringement of the regulations takes place, let the delinquent be traduced before a jury to be composed of twelve boys, or twelve girls of the first class, to be taken in rotation; let the case be made out, and then the punishment immediately inflicted, in pursuance of the regulations, whereby it shall be prescribed.

234. Should the offence not be provided against, by the regulations, the same mode of inquiry may be adopted, and the punishment then shall have to be determined by the master or mistress. Nine jurors should be requisite to find guilty, and in default thereof, an acquittal should of course follow.

235. The trial should take place in presence of the whole school; the young jurors being subject to a constant and severe scrutiny, would make it a point of honor, as well as a matter of duty, to be careful in their investigations, and impartial in their verdicts. It needs no very superior mind to see at once, what the effects of such a system must inevitably be; a diligent search for the truth, a practical and businesslike habit of viewing matters submitted to their consideration, a safe training to form correct judgments, and an impartial, just and fearless discharge of a duty alike important and honorable.

236. Emulation and praiseworthy ambition to attain the first class, or if in the third, to be admitted into the second; and on the other hand, the dread of being expelled from the first to rank in the second, and ultimately reduced to the level of the third, would be the means of a most powerful moral influence.

237. It is of course understood, that none but moral elevation and moral punishments, such for example, the deprivation of the right and privilege of being jurors, &c., would be resorted to; a matter of great magnitude, the details whereof, should altogether be left to the Superintendent to define in the regulations.

238. Should any of the children, after a patient, reasonable and judicious course, sufficient, to enable the teacher to ascertain their utter wickedness, be set down as incorrigible, they should of course, be sent back to their parents.

239. These are mere suggestions, they no doubt, could be much improved upon; they may however suffice to call for reflection, and a better juvenile constitution for the interior moral discipline of the schools.

LETTER XLIV.

240. If it is at all worth using moral influence, for the better management of the schools, we must not stop short of whatever may either give additional weight to that influence, or lessen its beneficial operation.

241. Whatever may engender or foster a spirit of delation should be avoided and proscribed. Delators are always mean, and generally treacherous; to maintain themselves in whatever station of authority, supervision or information which they may have been placed in, they will greatly be liable to recur to means unworthy of an elevated or honorable mind.

242. Monitors or supervisors over their schoolfellows, are often appointed by teachers; they either become guilty of the improprieties above mentioned, or are exposed to lower themselves in their own estimation, and that of their companions. Besides, a spirit of hatred and revenge oftentimes, is kindled in the hearts of children who may have previously been their sincere friends. Coercion or intimidation practised by the teacher, for the purpose of enforcing an authority imprudently delegated by him, or for that of protecting from resentment, the scholars he has invested with temporary but mischievous power, may prevent explosions; there is however, a latent fire in the bosom of the oppressed, or those who consider themselves as such, which sooner or later, will burst out, and be productive of the most afflicting evils.

243. The teacher should therefore so direct the school, and be possessed of sufficient acuteness, aided by vigilance and energy, as to dispense with the odious and despicable office of delators and spies.

244. Too much care cannot be taken by those who superintend the construction of school houses, to determine the interior distribution, location of seats, &c., in such a way, as to enable the teacher to detect whatever may be attempted to be concealed from him, by the children during school hours.

245. If properly viewed and judiciously enforced, the moral constitution I have delineated in the preceding letter, aided by the energy and practical good sense of the teacher, will, I believe, ensure order and regularity in the school, elevate instead of debasing children in their own and their companions' estimation, prevent the kindling and fostering of active and most dangerous resentments, and save many a youth from becoming a foe in after life.

246. I hope I will not be found fault with, for having thus frankly stated my opinion, regarding a custom which perhaps prevails in many quarters. I have meant no offence, I do not question motives, I merely indicate what I look upon as an ill advised course, and a mistaken policy on the part of some teachers.

LETTER XLV.

247. A uniform system of education may be devised, its practicability is often a sure test of its soundness; so far good. But the teachers must not expect that all the children are to be acted upon in the same way, in order to subject them to the salutary influence of that uniform system of instruction.

248. The different characters, the various dispositions, the mild-tempered, the unruly, the capricious, the obstinate, the studious, and the indolent are not to be treated in the same way; the teacher need not expect any success, if he does not apply himself most carefully, to explorate the faculties and dispositions of the children, and knowing them, if he does not adopt a mode of imparting instruction which best suits each temper.

249. The correctness of what I have already observed, regarding the propriety of teachers confining themselves to the discharge of their educational duties, is here very strikingly instanced. The course I have just pointed out, is not one which is free from difficulty, it is quite the reverse. It will take a teacher's whole time, and his best energies will have to be called forth, to acquit himself honorably and profitably, towards his pupils and his conscience.

250. It is plain, therefore, that the importance of such a calling as that of the teacher who will be directed, as well as of the Superintendent and Inspectors who will direct, is such as to preclude all interference whatever on their part, with any thing foreign to their educational duties, under pain of dismissal or removal.

251. To avoid repetition, I beg leave to refer the reader to what I have said in letter IX, as being applicable to this part of the subject.

252. It will be the duty of the Superintendent to give the working of the system, such a direction, by means of his dignified, salutary and judicious advice and admonitions, as to ensure a due and proper adherence to the regulations

based upon the preceding or whichever other principles he may deem advisable to act upon, he will have to prepare for the better discipline and interior management of the schools.

253. Here again, is exemplified what I have said as to the qualifications which are expected at the hands of the Superintendent and the Inspectors, the importance of a discreet selection of these functionaries, and the responsibility which shall rest on the Executive, in case of their proving to be improper.

254. The reader will perhaps deem it worth a few minutes' attention, to peruse Letters XV, XXIII, and XXVII; the hints which are there given, may, I apprehend, prevent serious mistakes, and be the means of signal benefits to the cause of education.

255. I need not enlarge on another important striking point, there can be no reasonable ground for apprehending any negligence on the part of the Superintendent on that subject, I mean regulations on politeness, mutual deference, propriety of demeanor, and all that pertains to social and habitual intercourse between the children themselves, and the children and their teachers. As to the duties of the former towards their parents, they should be taught at the fireside, and from the pulpit.

256. Parents should ever bear in mind, that without their co-operation, the teacher's arduous and persevering efforts to train the children to a right course, will often fail, and that they shall be answerable in this and in another world, for whatever supineness or evil example they may render themselves guilty of in this respect.

LETTER XLVI.

FEMALE EDUCATION.

257. To what I have already said on this subject, I beg leave to add the following excellent observations from the pen of Mrs. Catharine E. Beecher :—

" For a nation to be virtuous and religious, the females of that nation must be deeply imbued with these principles; for just as the wives and mothers sink or rise in the scale of virtue, intelligence and piety, the husbands and the sons will rise or fall. * * * * * * * * *

" Another object to be aimed at in regard to female education, is to introduce into schools, such a course of intellectual and moral discipline, and such attention to mental and personal habits, as shall have a decided influence in fitting a woman for her peculiar duties. What is the most important duty of the female sex? It is the physical, intellectual and moral education of children. It is the care of the health, and the formation of the character of the future citizens. * * * * * * * * *

"Woman, whatever are her relations in life, is necessarily the guardian of the nursery, the companion of childhood, and the constant model of imitation. It is her hand that first stamps impressions on the immortal spirit, that must remain for ever. And what demands such discretion, such energy, such patience, such tenderness, love and wisdom, such perspicacity to discern, such versatility to modify, such efficiency to execute, such firmness to persevere, as the government and education of all the various characters and tempers that meet in the nursery and school room? Woman also is the presiding genius who must regulate all the thousand minutiæ of domestic business that demand habits of industry, order, neatness, punctuality and constant care. And it is for such varied duties that woman is to be trained. For this, her warm sympathies, her lively imagination, her ready invention, her quick perception, all need to be cherished and improved; while at the same time, those more foreign habits of patient attention, calm judgment, steady efficiency, and habitual self controul, must be induced and sustained."

258. The sound and practical observations of Mrs. Beecher, should be read attentively, read over and meditated upon by parents, teachers and members of the community in general. The basis of a religious, moral and physical education for females hereafter coming under the operation of this or some other system of Elementary and Practical Education, must first be laid in the Normal Schools, where it is likely to be better understood. From the Normal, the influence of such wholesome management, will soon extend to the Model, and thence be powerfully communicated to the Common Schools.

259. I need not add any more on this important subject, I have sufficiently, I hope, directed the public mind to considerations which must have some weight with most people, who will at once, I have no doubt, see their practical bearing; and convinced as all must be, that the true interests of the community, are materially affected by the influence of good or bad exercised by women, they, in all probability, will give the subject their best care and attention.

260. I therefore anticipate results of the most consoling nature, if female education is stamped in its infancy, with the lasting impressions of religion, virtue and order. With the Superintendent to conceive and lay down regulations, and all the other departments of the school system, rigidly to conform thereto, I dismiss this part of the subject.

LETTER XLVII.

261. There remains but little to be said, to complete the outlines of the system of Elementary and Practical Education, which I have submitted to the considetion of the public. Indeed I may well use the word outlines, for had I attempted to inquire into all the details of such a system, I would fall short of many very interesting and useful suggestions, in thus closing my letters.

262. There are however a few more practical observations which will not, I am confident, be considered as unseasonable.

263. And first, as the study of geography is of great importance, and more than any other, calculated to please children, and entice them into the love of books and the habit of reading, enlarge their minds, and sooth down their prejudices, by shewing them that a constant intercourse and mutual assistance between all the nations of this globe are necessary, by teaching them how that intercourse takes place, and how that mutual assistance is afforded, and finally by its being the means of illustrating and placing beyond doubt, the truths of the historical part of the Old and New Testament, it is evident that it should be taught in such a way, as to be conducive to such desirable ends.

264. Atlasses should not be spared. But as Maps and Atlasses merely represent the surface of the globe, the shape of continents, islands, seas, lakes, rivers &c., children could never well understand the spherical shape of the earth itself, without the assistance of a small globe, however diminutive in size it may be; I therefore suggest that there should be one in each school, they would cost but very little, and could easily be procured.

265. Should my translation into the French language, (with such changes and additions as are useful to adapt it to Canada) of the excellent geography for children, known as "Peter Parley's Geography" be published and used in the common schools, it will be accompanied with a supplement which I have added to it, for the purpose of explaining to children, in an easy and familiar way, several phenomenons of nature which they daily witness, without being able to account for them, such as the succession of day and night, that of the seasons, the tides, the phases of the moon, &c. In that case, another little globe representing the moon, whereon might be delineated such lines and figures, as to facilitate the intelligence of the supplement, should be used.

266. Black boards are equally useful; they may advantageously be used, not only in teaching arithmetic, but also grammar, analysis and geography; there should therefore, be one in each school room.

267. There are, of course, many other things more or less intimately connected with the best method of teaching. I have paid considerable attention to different systems, and I have my own decided opinions on the subject, which it would be too long to develope here. The Superintendent, who above all, should be a practical man, will have to devote all his time, and use all his energses to do what is right, and to ensure a successful working of the system.

CONCLUSION.

I have openly laid before the public, my views on education. Having but one object before me, and no personal ambition to gratify, I have invariably and assiduously labored to propose such a system as would, if properly carried through, operate for the good of all. National, religious, sectarian and other absurd and injurious distinctions, have been denounced, and I have, I hope, suggested means of soothing down prejudice, restoring confidence, diffusing elementary and practical knowledge, and securing to all classes, whatever may be their origin, their religious creed or their politics, a full and complete guarantee, for their rights and privileges. Knowledge being the universal right, the universal duty, and the universal interest of man and government, what other but a system of education calculated to maintain inviolate that right, ensure the discharge of that duty, and work in the interest of man and government, can ever be attempted with any chance of success, to be set in operation, on this side of the Atlantic ?

The government, the clergy and the people should, in my opinion, share alike in the direction and responsibility of the system; my reasons for entertaining such views, I have given. Impressed with the belief that in this community, such should be the basis and the leading principle of an educational scheme, I have endeavoured to maintain that position, and I have proposed a system which appears to me to be conducive to that important result.

Divines, politicians, and ultras of any and whatever school, will have no reasonable ground of complaint. The dogma cannot be interfered with, religious, moral, and practical education will spread; teachers are prohibited from meddling with politics, under pain of dismissal; even the superior departments of the system, will equally stand free from political contamination; national distinctions are sought to be effaced, and the teachers are to be visited with the loss of their situations, if they either encourage, or do not discourage them. The Superintendent and Inspectors will be liable to impeachment, if ever they follow a different line of conduct.

The Superintendent and Inspectors are to be appointed during good behaviour, they will therefore be enabled to pursue a straight forward course; uninfluenced either by the frowns of the goverment, or the clamour of the people, they will acknowledge no authority but that of the law and their consciences. Should any of them render themselves amenable to the laws, they will be traduced before a tribunal so composed as not only to ensure its impartiality, but place it beyond the shadow of suspicion.

An attentive perusal of the preceding letters will suffice to convince any one, that a perfect equilibrium can be maintained in all the departments of the system, if the suggestions which have been made are at all attended to.

The means of carrying into effect, what has been proposed, are palpably practicable. There must be a permanent school fund, and a direct tax which it has been proved, will bear much more lightly on the population than an indirect contribution, will create that interest for instruction, which is needed, and is so essential to the progress of education, and will cause the fund to be constantly on the increase.

The interior management and direction of the schools, the last but not least important part of the system, which has been examined, is of no difficult execution, if what I look upon as necessary to their operation, is adhered to. The religious, moral, physical and social education of children, will alike be promoted under the protection of the laws, the enactment of which must prove to be a complete guarantee to all.

A striking feature in the system, is the publicity which is to mark the proceedings in all the departments. The salutary influence of such a course, will acquire additional weight from the strict accountability to the Legislature, which the superior departments will be held to.

The prosperity of our common country, the moral elevation of the people, the happiness of generations to come, will essentially be dependent on the degree of instruction which is diffiued. Let no consideration whatever, prevent any man from openly advocating, supporting and furthering the cause of education; it is a duty we owe to ourselves, our children our posterity. Liberal institutions we need never expect to be able to appreciate and maintain unimpaired, if the people are not instructed.

Temporary and unsettled educational establishments have been productive of such distressing evils in this Province, that there can scarcely be any difference of opinion, as to the necessity of a permanent and fixed system being adopted, a system such, that neither political strife nor accidents, may obstruct its operation, and thereby deprive the rising generation of the benefits of education.

It is to be expected that the Legislature, at its first Session, will give the subject of Elementary and Practical Education, its most serious consideration, and that in so doing, the three branches of our Parliament, will afford the country, substantial proofs of their patriotism.

G

[APPENDIX.

58

APPENDIX.

APERÇU OR SKETCH OF THE PROBABLE EXPENDITURE NECESSARY TO THE WORKING OF THE SYSTEM.

The subjoined apercu or sketch, though incomplete, may be of some service in determining the principle whereon the expenditure should be regulated. One side of the sketch indicates what proportion of the monies should be supplied out of the Permanent Fund, and the other, what portions of the expenditure should be provided for by means of Local Assessments.

It will be some time, before the Permanent School Fund is settled on a solid basis; it will therefore become necessary to make up for the deficit, by means of legislative enactments.

The object in making it incumbent on the localities to assess themselves to the amount of certain grants of monies by the Legislature, previous to their becoming available to them, is to create an interest for instruction, and increase the Education Fund.

FROM PERMANENT FUND,	£ s d	TO BE RAISED BY ASSESSMENTS.	£ s d
Or until that fund is settled on a solid basis, partly from that fund, and partly from legislative provision.		*No legislative provision to be available, until the School District has assessed itself, or has been assessed to the corresponding amount.*	
YEARLY.		YEARLY.	
COMMON SCHOOL TEACHERS. *		COMMON SCHOOL TEACHERS.	
Each Common School Teacher should be allowed either £40 (besides lodging and fuel.) £15 0 0			£25 0 0
OR, RATHER			
£50 (besides lodging and fuel) £20 0 0			30 0 0
At £30, teacher would receive only £2 10 0 a month = 1s 8d a day, (besides lodging and fuel.)			
At £40, would get £3 10 0 a month = 2s 4d a day, (besides lodging and fuel.)			
At £50, £4 3 4 a month = 4s 5d 13-15 a day.			
PURCHASE OF BOOKS, SLATES, &C., FOR COMMON SCHOOLS.		PURCHASE OF BOOKS, SLATES, &C., FOR COMMON SCHOOLS. Equal amount to be raised by locality.	
MODEL SCHOOL TEACHERS.		MODEL SCHOOL TEACHERS.	
Each Model School Teacher (besides lodging and fuel) £70 0 0 £40 0 0			£30 0 0
OR			
(Besides lodging only, teachers procuring fuel) £80 0 0 £50 0 0			30 0 0
PURCHASE OF BOOKS, SLATES, &C., FOR MODEL SCHOOLS.		PURCHASE OF BOOKS, SLATES, &C., FOR MODEL SCHOOLS. Equal amount to be raised by locality.	

* The word "Teacher," is here meant to apply to female as well as to male teachers.

	£ s d		£ s d
NORMAL SCHOOL PROFESSORS. † Each Professor £300—five.	1500 0 0	**NORMAL SCHOOL PROFESSORS.** This department to come exclusively under the provisions of the Permanent, or Legislative Fund. No local assessment required.	
FOR EACH NORMAL SCHOOL. For "indigent list," for the support of the scholars sent to the Normal School, whose pecuniary means would be such as to render assistance necessary,—each Normal School £300.	1500 0 0		
Buying books, apparatus, &c., for each Normal School, first year £100.	500 0 0		
Every subsequent year £30.	150 0 0		
Rent for each Normal School house.			
TOWARD BUILDING SCHOOL HOUSES. Common School houses, 1st year, (1-2 the sum required.) 2nd and every subsequent year, (full amount required.) Model School houses, 1st year, (1-2 the sum required.) 2d and every subsequent year (full amount required)		**TOWARD BUILDING SCHOOL HOUSES.** Common School houses, 1st year, Each locality to assess itself for 1-2 the sum required. 2nd and every subsequent year, local assessment to the corresponding full amount required. Model School houses, 1st year, Each county to assess itself for 1-2 the sum required. 2nd and every subsequent year, local assessment to the corresponding full amount required.	
REPAIRING OF SCHOOL HOUSES.		**REPAIRING OF SCHOOL HOUSES.**	
ENCOURAGEMENT FUND. To each boy and girl in the Model School, on giving security that they shall follow the occupation of teacher, (as explained, Letter XXXIV, No. 156, £2 0 0.		**ENCOURAGEMENT FUND.** To come exclusively under the provisions of the Permanent or Legislative Fund, and therefore no local assessment required.	
INSPECTORS. Each £500. For travelling expenses, each £100.	2500 0 0 500 0 0	**INSPECTORS.** Exclusively out of Permanent or Legislative Fund. do do do do No local assessment required.	
SUPERINTENDENT. His annual salary, Rent for Public Office. Salary to a Secretary. Stationery in the office, &c. A Messenger.	1000 0 0	**SUPERINTENDENT.** The expenses of this important department to be defrayed out of the Permanent or Legislative Fund. No local assessment will therefore be required.	
DIFFERENT DEPARTMENTS. Stationery, printing, &c.		**DIFFERENT DEPARTMENTS.** From Permanent Fund, &c., No local assessment required.	
DISTRICT AND CITY TREASURERS. Additional allowance for additional duty.		**DISTRICT AND CITY TREASURERS.** To be paid out of the Permanent or Legislative Fund. No local assessment required.	
TREASURER AT THREE RIVERS. H.s salary, (see opposite) ☞		**TREASURER AT THREE RIVERS.** To be raised by the town of Three Rivers.	
SCHOOL DISTRICT LIBRARIES. In course of time.		**SCHOOL DISTRICT LIBRARIES.** Equal amount to be raised by locality.	
PROVISION FOR INDIGENT DISTRICTS.		**PROVISION FOR INDIGENT DISTRICTS.** Exclusively out of the Permanent or Legislative Fund.	

† Should the Judicature Ordinance go into operation, there will be four grand territorial divisions of this ci-*devant* Province; in that case, four Normal Schools and four Inspectors would suffice.

ERRATA.

Il faut corriger les *errata* ci-après indiqués, vû qu'en général, ils affectent le sens des phrases.

Préface ligne 7—bâse, lisez base.

Page	Ligne
6	10— do. do. do.
	26—qu'iis, lisez qu'ils
7	7—après impossible, ajoutez une virgule.
	30—temps, lisez tems.
9	36—anglaise, lisez anglaises
10	18—étât, lisez état.
	30—après suggeré, ajoutez un point.
12	36—détruisez, lisez ne détruisez.
13	17—rémédier, lisez remédier.
	23—après éducation, mettez une virgule.
	26—après fonctionne, mettez une virgule,
	27—après dogme, mettez une virgule
14	20—bâse, lisez base.
15	25—etera lisez jetera.
	35—après ministre, ajoutez une virgule.
16	5—a t–il, lisez a–t–il.
	—après y a–t–il, ôtez la virgule.
	29—tentra, lisez tentera.
19	1—1826, lisez 1836.
20	9—l'Etat, lisez l'Etat.
	22— do do do
	24—moyen, lisez moyens.
	29—Etât lisez Etat.
21	40—Bibliothèque, lisez Bibliothèques.
22	14—éxemptes, lisez exemptés.
23	25—après Législature, ajoutez de
24	28—après Exécutif, ajoutez la Législature.
	—après législater, ajoutez une virgule.
	—après et, ajoutez la Législature.
	36—après d'éducation, ajoutez une virgule,
26	25—dirision, lisez division.
26	34—après caution, ôtez les guilmets, et placez les après le mot charge dans la 36ème ligne.
28	7—rapport, lisez Rapport.
	9— do do do
	36—systême, lisez systèmes.

Page	Ligne
29	6—étât, lisez état.
	8—Trésorier, lisez Trésoriers.
	10—convenable, lisez convenables
30	14—après que mettez une virgule.
	—après bien ajoutez que
31	11—étât, lisez état.
	21—inférieurs, lisez inférieure.
32	2—a partie et pratique, lisez et la partie pratique.
33	32—les, lisez le Surintendant.
34	8—garantie, lisez garantit.
35	6—après une, ôtez la virgule et placez la après pourtant.
	20—adopter, mettez adapter.
	25—s'appercevra, lisez s'apercevra.
	35—étât lisez état.
36	2—bâse, lisez base.
	36—après élementaires, mettez un point.
37	2—d'un école, lisez d'une école.
	17—après maîtresses, ôtez la virgule
38	22—êtré, lisez être.
39	4—après suivante mettez une virgule.
40	24—au lieu de rénumérés, rémunérés.
41	9—après oisifs, ajoutez et.
43	22—après Mann, mettez une virgule.
	40—properté, lisez propreté.
46	7—après classes, mettez une virgule.
50	37—inclination, lisez inclinations.
51	30—è une vie, lisez à une vie
	15—ferrule, lisez férule.
52	26—les neuf jurés, lisez neuf jurés.
53	4—après récompenses, mettez une virgule.
55	—arsure, lisez assure.
56	7—monterront, lisez monteront.
58	3—geogrrphy, lisez geography.
59	4—après fonctionnement, mettez une virgule.
60	5—après éducation, mettez une virgule

LETTRES

SUR

L'ÉDUCATION ÉLÉMENTAIRE ET PRATIQUE.

Par CHARLES MONDELET, Ecr.

———————

T R A D U I T E S   D E   L ' A N G L A I S.

———————

MONTREAL:

IMPRIMEES ET PUBLIEES PAR JOHN JAMES WILLIAMS.

—

1 8 4 1.

La publication d'une série de Lettres sur l'Education Elémentaire et Pratique, commença en Novembre dernier. Lorsque le premier de ces excellens écrits parut dans le *Canada Times*, il ne fut pas difficile de prévoir que la continuation en serait favorablement accueillie par le public. Le résultat a démontré la justesse de mon attente. Ces lettres ont été si généralement approuvées, et les suggestions qu'elles renferment, sont d'un usage tellement pratique, que j'ai cru que ce serait avancer essentiellement la cause de l'éducation, que de les reproduire sous la forme d'un Pamphlet. Ayant donc au préalable, obtenu le consentement de l'auteur, je me suis, sans hésiter, décidé à mettre mon projet à exécution. Une souscription a été ouverte, afin de faire face aux dépenses nécessaires pour en tirer au moins dix sept cens exemplaires ; c'est donc au zèle et à la générosité des souscripteurs, que le public doit attribuer la publication de ces lettres, sous une forme plus compacte et plus permanente.

Le but principal que s'est proposé l'auteur de ces lettres, a été de faire disparaître d'odieuses distinctions nationales, de disposer à des sentiments de bienveillance mutuelle, les différentes parties de la société, et d'asseoir un système d'éducation générale sur une bâse qui assure le maintien des droits et des privilèges de toutes les classes, quelques soient leur origine, leur religion ou leur politique. Ces lettres devraient donc être entre les mains de tout le monde. Elles sont destinées à agir simultanément, sur l'une et l'autre population ; c'est pour cette raison, qu'on en publie une traduction Française.

Je ne suis mû par aucun motif d'intérêt. Mon seul et unique désir, c'est de contribuer à répandre des opinions saines, honnêtes et éclairées.

Il est sans doute à propos d'observer, que le système d'éducation dont il s'agit, a rapport particulièrement à la ci-devant Province du Bas Canada, les premières lettres ayant été publiées avant la ré-union des Provinces.

L'on me permettra, sans doute, de nourrir l'espoir aussi naturel qu'il me parait raisonable, que tous ceux qui ont à cœur, la paix et la prospérité du pays, accueilleront favorablement, et encourageront une entreprise dont les avantages seront pour la société toute entière.]

JOHN JAMES WILLIAMS.

Montréal, 1er Avril, 1841.

LETTRES

L'EDUCATION ELEMENTAIRE ET PRATIQUE.

LETTRE I.

C'est avec beaucoup de vérité que l'on a observé " que pour purifier les sources de la société, il faut commencer par la jeunesse." La justesse de cette observation est singulièrement frappante, si l'on en fait l'application à l'état actuel de la société en Canada. Si pourtant, l'on inférait de la citation qui précède, qu'elle n'est susceptible que d'une interprétation absolue, l'on arriverait à
des conclusions bien erronées, tant en théorie qu'en pratique. Quoique l'on
ne puisse refaire facilement les habitudes formées de l'âge mûr, non plus que le
caractère de ceux qui ont le bonheur ou le malheur de les avoir contractées,
suivant qu'elles sont bonnes ou mauvaises, néanmoins l'influence que doit produire sur l'esprit et le cœur de la jeunesse, un système convenable d'Education
Primaire, Elémentaire et Pratique, ne se fera pas ressentir que chez les enfans,
elle réagira sur les parens. Elle sera moins puissante sur ces derniers ; cependant l'on aura déjà beaucoup gagné, si elle produit un effet sensible, ou même
éloigné.

Si les observations qui précèdent sont justes, et je me flatte qu'en y réfléchissant, on verra qu'elles le sont, elles nous mènent naturellement à deux considérations importantes, savoir : 1. L'éducation élémentaire et pratique, en
Canada, est nécessaire à la jeunesse. 2. L'éducation élémentaire et pratique
que recevra la jeunesse, influera sur ceux qui sont parvenus à l'âge mûr.

Les résultats que l'on doit attendre d'un tel procédé, s'il est judicieux, sont
d'une importance tellement vitale pour toutes les classes de notre société déchi-
rée par les divisions, que l'on doit occuper le public de ce sujet, de l'éducation.

Je me propose de faire un effort, dans une série de lettres familières, pour
agiter l'esprit public sur le sujet tout important de l'Education Elémentaire et
Pratique.

Je réclame l'indulgence de mes lecteurs : je ne prétends à aucune supériorité
de pensées, ce que je dirai, la plupart d'entre nous, le savent. Mon but est de
fixer l'attention du public, sur un sujet dont on s'occupe peu, parceque sans
doute, on le regarde comme trop familier ; et "de même que les élémens de la
nature, la terre, l'air, le feu et l'eau, comme une chose trop commune et trop
ordinaire, pour qu'elle provoque nos recherches, ou fasse naître aucun intérêt."

J'ai un autre droit à l'indulgence du public : la langue Anglaise n'est pas ma
langue maternelle. Le désir sincère, que j'éprouve, et l'espérance ardente que

je nourris, de voir étendre à toutes les classes de la société, quelques soient leur origine, leur religion, ou leur croyance politique, les bienfaits d'un système convenable d'Education Elémentaire et Pratique, expliquent comment j'ai pu me hazarder à faire connaître en anglais, ce que je regarde comme intéressant pour la société.

————

LETTRE II.

Dans ma dernière lettre, j'ai fait allusion, en termes généraux, aux résultats que l'on doit attendre de l'opération d'un système convenable d'Education Elémentaire et Pratique : avant de soumettre au public, mes vues sur ce que je crois devoir être la bâse de ce système, qu'il me soit permis de faire quelques autres observations.

Les écoles primaires sont une des institutions les plus intéressantes dans toute société bien organisée, elles sont regardées comme la source principale de l'instruction élémentaire ; sans elles, il n'y a aucune sécurité dans la société, il ne peut y avoir de stabilité dans un gouvernement qui les néglige ou les proscrit. Un peuple éclairé se garantira presque toujours contre l'influence corruptrice de gouvernans pervers ; il échappera de même aux pièges que lui tendraient des démagogues ignorans, ou intrigans et sans principes ; dans l'un ou l'autre cas, les gouvernés évitent la tyrannie d'un seul, celle du petit, ou celle du grand nombre. La cause de l'education, est donc la cause de la liberté.

Indépendemment de ces résultats si importans, l'action d'une Education Elémentaire et Pratique, en produira d'autres. L'éducation élève le caractère moral du peuple collectivement, elle élève aussi le caractère individuel de chaque membre de la société : l'homme devient meilleur, et par conséquent, l'état de la société s'améliore. Les devoirs de l'homme envers son Créateur, ce qu'il doit à son gouvernement, et les règles d'après lesquelles il se conduira vis-à-vis de ses semblables, seront sacrées ou sans poids à ses yeux, à proportion de la culture du sentiment moral chez lui.

La prospérité d'un pays, sera nécessairement proportionnée à l'industrie individuelle et collective de ceux qui l'habitent. Le succès du cultivateur, du marchand et du commerçant, de l'ouvrier, du marin, en un mot le succès de tous, dépend de leur connaissance de l'art, de la profession ou du métier qu'ils suivent, et par conséquent la prospérité et le bonheur de la société et des individus, dépendent essentiellement du degré d'intelligence et de connaissances pratiques qui existent dans un pays.

Les écoles primaires où l'on enseigne les élémens d'une éducation populaire, solide et utile, sont donc de la plus haute importance au bien être du pays, et doivent faire naître le plus vif intérêt.

LETTRE III.

Dans un pays qui, pour une cause ou autre, a été privé d'un système efficace d'Education Elémentaire et Pratique, les besoins qui naissent d'une circonstance aussi malheureuse, sont grands, ils sont incalculables. Il est peu d'hommes qui ne ressentent plus ou moins, les effets d'un état de société aussi désorganisé. Celui qui ne les ressent pas, est ou un égoiste ou un sot, on peut ramener le premier à la raison, mais il est difficile, pour ne pas dire impossible d'influer sur le second. Cependant, et il est heureux qu'il en soit ainsi, la plupart des hommes sont influencés parcequ'ils regardent comme leur intérêt ; dès l'instant, par conséquent, que le peuple dans ce pays, comme ailleurs, s'apercevra qu'il a tout à gagner à être instruit, il cherchera à le devenir.

Avant que nous puissions espérer de parvenir à un état de société où les notions de l'utilité ou plutôt de la nécessité de l'éducation, soient suffisamment répandues, il est du devoir de tous les gens de bien, de faire usage de leur influence, pour aider à cette grande cause, la cause de l'éducation. Le vrai patriote, celui qui désire sincèrement le bien de son pays, l'homme qui aspire après son propre bonheur et celui de ses semblables, dans ce monde, et un meilleur avenir dans l'autre, est obligé de faire tous ses efforts pour instruire ou faire instruire le peuple.

LETTRE IV.

Peu de personnes nieront, ou même révoqueront en doute, la vérité de l'assertion que j'ai faite dans ma dernière lettre "qu'il est du devoir de tous les gens de bien de faire usage de leur influence, pour aider à cette grande cause, la cause de l'éducation." J'ajouterai maintenant, que tous les gens de bien doivent de suite, faire abstraction de toutes opinions qu'ils ont pu former par préjugé ou autrement, sur le mode de mettre à effet un système d'éducation ; leurs vues sur ce sujet si important, fûssent-elles mêmes correctes, comme c'est, à n'en pas douter, le cas chez nombre de ceux qui y ont donné quelque attention, ces personnes verront de suite, que pour arriver à une saine conclusion, elles doivent pour quelque peu de temps, suspendre leur jugement, écouter avec patience ce qui leur sera proposé, et rejeter ensuite ou approuver le système que je suis sur le point de soumettre au public.

Si comme je le crois véritablement, et me plais à le pressentir, rien ne sera plus propre a anéantir les distinctions nationales et les préjugés, les animosités et les haines qu'elles ont engendrées et fomentées, que l'opération de mon système d'éducation, j'ai le droit de réclamer et d'attendre du public, une attention calme aux suggestions que je ferai.

Nous nous accordons tous à dire que l'état d'anarchie dans lequel nous avons vécu depuis quelque tems, détruit notre bonheur. Il en est parmi nous, qui attribuent nos malheurs aux distinctions nationales sur lesquelles ont spéculé quelques individus, pour attiser le feu de la discorde ; d'autres regardent l'état d'excitation publique qui existe, comme l'effet et non la cause des calamités dont nous avons tous été affligés. Il n'est pas nécessaire que je m'écarte de la route que je me suis tracée, pour m'enquérir de ces choses là ; ces considérations, je puis le dire, sont étrangères à mon plan ; d'autant plus qu'une discussion de cette nature, réveillerait au lieu de diminuer l'effervescence que je me flatte de faire disparaître, en extirpant tout simplement, la cause actuelle de sa continuation.

LETTRE V.

Les électeurs par tout le pays, feront bien de regarder de près au sujet de l'éducation, et de s'assurer d'avance de leur succès à élire des hommes disposés favorablement pour cette grande cause, avant de leur donner leur appui et leurs voix. La Législature-Unie ne peut pas, ne doit pas laisser et ne laissera pas, espérons le, s'écouler la première session, sans mûrir et adopter un système d'éducation Elémentaire et Pratique. Je me flatte que nos Législateurs ne se borneront pas à imiter servilement les gouvernemens du moyen âge, toujours portés à patroniser les academies, les colléges et les universités, et dans leur carrière d'égoïsme et d'inhumanité, laissant croupir la masse des peuples dans l'ignorance et la dégradation.

De ce côté-ci de l'Atlantique, nous avons des notions et des besoins qui diffèrent des notions et des besoins de ceux que l'on a fait marcher, et qui eux-mêmes ont poussé les peuples dans cette voie impie et aride. Quelques soient donc notre origine, notre religion, notre politique, unissons-nous de cœur et d'action : du succès de nos efforts, dépend notre avenir ; mais aussi du défaut de succès, naîtront et se développeront des conséquences plus funestes encore que celles que les hommes les moins courageux sont dans le cas d'en appréhender.

Je commencerai, dans ma prochaine lettre, à donner une esquisse d'un plan d'éducation, ou plutôt je jeterai ce que je regarde comme devant être la base sur la quelle reposera solidement l'édifice.

LETTRE VI.

Le besoin d'un système général et uniforme d'Education Elémentaire et Pratique dans le Bas-Canada, étant extrême, il ne faut pas perdre un instant à adopter les moyens les plus propres à rémédier à un aussi grand mal.

1. Les distinctions nationales et les préjugés qui en naissent, étant à l'avis de beaucoup de personnes, des obstacles bien formidables à l'opération d'un système uniforme d'éducation, il faudrait de suite, rechercher les moyens de les surmonter.

2. Ces moyens sont peut-être d'une exécution plus facile qu'on ne l'imagine généralement : le remède consiste tout simplement à détruire les craintes qui se sont emparé des esprits, tant parmi la population anglaise, que chez la population canadienne.

3. Personne ne peut ou n'osera nier qu'il existe à un haut dégré, une méfiance mutuelle relativement à la langue de chacune des populations ; la population anglaise croit sérieusement que les Canadiens sont opposés au progrès de la langue anglaise et qu'ils l'entraveront ; d'un autre côté, les Canadiens sont sous l'impression que l'on a déjà fait, et que l'on est sur le point de faire des efforts pour leur arracher leur langue maternelle, et les forcer de parler l'anglais.

4. Il est clair que des craintes de cette nature, ont dû produire comme en effet, elles ont produit une méfiance, et un manque absolu de confiance, qui menacent de devenir des plus dangéreux, si l'on n'y remédie convenablement, et ce, immédiatement.

5. Que l'on établisse dans chaque localité, autant que la chose sera praticable, une école anglaise et une école française, soit dans la même maison (ce mode me parait préférable) ou dans deux maisons distinctes. Le résultat est inévitable. Les parens anglais voyant des écoles anglaises, au milieu même des habitations canadiennes, se diront naturellement à eux-mêmes, "Les Canadiens ne sont assurément pas opposés au progrès de la langue anglaise, puisqu'ils encouragent et soutiennent des écoles anglaises ; il vaut mieux que nous envoyons nos enfans à l'école française, ils apprendront les deux langues, il se tireront mieux d'affaire dans le monde." Les parens canadiens s'apercevront de suite, qu'on ne leur arrachera pas leur langue maternelle, ils verront la convenance de faire apprendre l'anglais à leurs enfans, cette connaissance devant leur procurer les moyens de se frayer la route vers des résultats utiles. Ils enverront donc leurs enfans à l'école anglaise.

6. Il n'est personne qui en réfléchissant, ne soit frappé d'une idée, c'est que la méfiance réciproque qui règne actuellement, disparaitra, et fera place à une confiance mutuelle,—les deux populations cesseront de craindre ce qu'elles redoutent tant maintenant ; leurs pressentimens et leurs espérances ne seront pas visionaires, car il n'y aura rien à opposer aux faits: des écoles anglaises et françaises fonctionnant simultanément, seront des argumens sans réplique.

LETTRE VII.

7. J'ai fait voir, je crois, que les résultats avantageux de l'action simultanée des écoles anglaise et françaises, seront le rétablissement de la confiance entre les deux populations, quant à ce qui a rapport à la langue ; l'on aura déjà beaucoup fait.

8. Les enfans des deux races s'entremêlant tous les jours, tant à l'école qu'au-

trement, seront les uns avec les autres, sur le pied de l'amitié, ils joueront ensemble, et iront les uns chez les autres. Les parens chez qui la méfiance aura
disparu, se seront humanisés ; leur intérêt y sera aussi pour quelque chose. Ils
n'exciteront pas les enfans les uns contre les autres, non, pas plus qu'ils n'en-
gendreront querelle à leurs voisins, parcequ'il arrivera à ceux-ci d'être d'une
origine différente de la leur.

9. L'influence imperceptible mais puissante qui sera ainsi produite et s'ex-
ercera de cette manière sur les enfans, réagira sur leurs parens. La bonne intelligence, la paix et l'harmonie régnant à un si haut dégré parmi des enfans ou-
bliant leur origine, et unis par un lien commun d'amitié, devront tôt ou tard exercer une influence irrésistible sur ceux qui seront tous les jours, les témoins et
les admirateurs d'un aussi heureux état de choses.

10. Si tels sont les résultats, nous pouvons nous attendre avec confiance à
voir se réaliser les espérances que nourrissent ceux qui ont véritablement à cœur,
le bien de leur pays, de voir la paix et le bonheur régner dans la société.

11. La paix et le bonheur renaissant, un bon système d'éducation fonction-
nera beaucoup plus facilement. L'opération de ce système aura d'abord été
l'effet, elle deviendra la cause d'un état de choses, qui s'améliorera tous les
jours.

12. Il doit maintenant paraître bien évident à tous, que la base que j'ai jetée,
pour y appuyer un système convenable d'Education Elémentaire et Pratique,
est de nature à le faire adopter, en faciliter l'exécution, et en assurer la perma-
nence.

LETTRE VIII.

13. La confiance étant rétablie, la paix lui succédant, et la possibilité de
mettre mon plan à exécution, étant démontrée, je passerai de la base du système, à d'autres considérations non moins importantes.

14. Que ceux qui désirent sincèrement que l'usage de la langue anglaise de-
vienne général, me disent maintenant, s'il est un meilleur, un plus sûr moyen
de réaliser leurs vues, que ce que j'ai suggéré

15. Je crois que de même que la race Anglo-Saxone, la langue anglaise se
répandra éventuellement, des bords de l'Océan Atlantique jusqu'à ceux du Golfe
du Mexique, et aux confins de la Guatimala et du Mexique, et dirigeant sa
course vers l'Ouest, à travers les Montagnes de Roches, parviendra jusqu'à la
Mer Pacifique. Cet évènement sera, comme de raison, accéléré ou retardé,
suivant les circonstances. Néanmoins, il est facile de voir que des moyens
coercitifs, au lieu de hâter ce que tant de personnes désirent, en retarderont nécessairement le progrès ; au contraire, un procédé prudent et judicieux, et conforme aux suggestions qui précèdent, ne peut manquer de réussir.

16. Il s'ensuit donc que, quelque paradoxal ou absurde que cela puisse paraître au premier abord, plus vous encouragerez la langue française, et plutôt l'on apprendra l'anglais, et plutôt l'usage de la langue anglaise deviendra général.

17. Nul homme sensé ne rêvera que la langue anglaise sera parlée exclusivement dans les possessions anglaises ; tout ce que les hommes les plus ardens peuvent espérer, c'est qu'on la parle généralement. Quoique généralement en usage aux Etats-Unis, elle ne l'est pas exclusivement, pas plus qu'elle ne l'est ou ne le sera dans tout pays éclairé, où l'on apprendra toujours, la riche et élégante langue française.

18. Il n'en faut pas d'avantage, pour faire de nous un seul peuple, et nous faire oublier notre origine. Dès l'instant que les masses pourront se communiquer leurs idées, leurs pensées et leurs désirs, le bût sera atteint, et le plutôt sera le mieux.

LETTRE IX.

19. Il ne suffit pas de jeter la base d'un système d'éducation, l'exécution en serait impossible, si l'on permettait à ceux qui seront appelés à prendre une part importante dans l'opération de ce système, de frustrer les intentions de ceux qui l'ont conçu. Les instituteurs de l'un et de l'autre sexe, doivent co-opérer à la mise à effet du plan, sous peine d'être renvoyés.

20. Les Syndics, Inspecteurs ou autres dont le devoir sera d'engager les instituteurs, devraient impérieusement être tenus de ne le faire, qu'a la condition *sine quâ non* que ces derniers décourageront les distinctions nationales ; et que dans le cas ou on les trouverait en défaut, soit qu'ils encourageassent ou ne décourageassent pas ces distinctions, la conséquence inévitable en serait la perte de leur place, et celle de leurs salaires.

21. Il n'y aurait aucune raison de regarder ce procédé comme une mesure tyrannique ou injuste, attendû que l'objet en serait le bien être de la société, et les instituteurs s'engageant à ces conditions, l'on arriverait à un résultat avantageux, et l'on ne violerait aucun engagement.

22. Il est admis de toutes parts, que l'on éprouvera beaucoup de difficultés à se procurer des maîtres compétens ; moins ils seront instruits, plus il leur faudra de tems et d'application pour se qualifier ; et moins fréquentes, par conséquent, devront être les occasions de les distraire de leur occupation principale. D'ailleurs, enseigner les enfans, est une tâche plus difficile qu'on ne l'imagine généralement ; il faut étudier, connaître et cultiver les caractères, cela requiert et devrait être l'étude constante de l'instituteur.

23. Le maître devra donc ne jamais se mêler *activement* de politique. Je ne voudrais aucunement le défranchiser ; de ce qu'il est devenu instituteur, il ne s'ensuit nullement qu'il devrait cesser d'être citoyen, et de jouir des droits et des

privilèges d'un homme libre, non assurément. Qu'il vote aux élections, mais
rien de plus. Il ne devrait lui être permis ni d'intriguer, ni de s'activer dans
les élections, ni devenir un criailleur politique, non plus que de transformer son
école en club électorique ; encore moins d'abandonner ses écoliers, ou les négliger pour s'occuper de toute autre chose que de l'enseignement.

24. Afin d'éviter toute injustice ou toute surprise, on devrait avertir les maîtres en les engageant, qu'ils ne devront se mêler d'aucune autre chose que de
l'instruction ; et ce devrait être une condition *sine quâ non* de leur engagement,
que la moindre déviation de cette règle, serait punie d'un renvoi immédiat, et de
la perte de leur salaire.

LETTRE X.

25. Nous voici donc avec les parens aidant de bon cœur à faire disparaître
les distinctions nationales, et les enfans qui d'abord auront influé sur leurs parens,
ressentant à leur tour, l'influence de ces derniers ; puis, les maîtres de l'un et de
l'autre sexe, décourageant ces distinctions impies, absurdes et pernicieuses ;
et ces mêmes maîtres obligés de s'appliquer exclusivement aux devoirs de
leur état, se tenant eux-mêmes éloignés et écartant leurs écoliers de la tour-
mente politique, frayant par ce moyen, le chemin vers la paix, l'acquisition des
connaissances, et ce qui en découlera, la qualification qui les mettra en état de
connaître et exercer en tems et lieux, les droits d'hommes libres, et remplir
les devoirs de leur état dans le monde.

26. Le public doit se rappeler que le système dont il s'agit, doit être mis en
opération sur une grande échelle, et libéralement. Il ne suffit pas d'enseigner à lire et à écrire aux enfans, on doit les préparer tous, à remplir les
devoirs de l'état auquel ils pourront être appelés dans l'âge mûr ; on doit les
mettre dans la bonne voie, et les diriger vers le but et la fin de toutes les soci-
étés bien organisées, le plus haut dégré possible de paix et de bonheur. Il
est inutile de s'attendre à un tel état de chose en Canada, si l'on n'a aucun
égard aux suggestions qui précèdent.

27. Essayez d'autant de systêmes d'éducation que vous en pourrez imagi-
ner ; cherchez à améliorer le mode d'enseignement, et pour y parvenir, assu-
rez vous de l'aide et de la co-opération les plus efficaces, vous ne réussirez
jamais à faire fonctionner aucun de ces systèmes en Canada, et ne vous flattez
jamais de voir s'accomplir vos vœux quelques philantropiques qu'ils soient, si
vous n'appuyez l'édifice sur la seule base qui peut le soutenir avec sûreté,
c'est-à-dire si vous détruisez la méfiance, et si vous ne faites renaître la confiance.

28. Avant d'en venir à une autre partie non moins importante de mon sujet,
je veux dire les difficultés que l'on suppose être inséparables de la différence de

religion, jé prie le public de réfléchir sur ce que je regarde comme étant, sinon le seul moyen, au moins comme celui qui nous doit infailliblement mettre en état d'effectuer ce que nous désirons, ou devons désirer de voir, le rétablissement de la confiance, et la disparition des animosités nationales, et comme en devant découler, le fonctionnement naturel et facile d'un bon système d'Education Elémentaire et Pratique.

LETTRE XI.

29. Il est des hommes intelligens, sincères et bien intentionnés qui craignent que la diversité des sectes ou religions qui existent en ce pays, n'offre des obstacles insurmontables à l'opération d'un système général et uniforme d'éducation.

30. Je ne prétends pas nier qu'il y aura des difficultés à rencontrer, non, pas plus que je ne suis disposé à admettre qu'elles sont insurmontables. Admettant même que ces difficultés soient considérables, nous n'en sommes que plus impérieusement tenus de rechercher quels sont les moyens de les faire disparaître.

31. Nous ne devrions pas commencer par soupçonner les autres de manquer de charité et de sentimens chrétiens, et ensuite nous tenir pour certains qu'on ne peut y rémédier. Il serait plus raisonable de pencher de l'autre côté, et tâcher ensuite de rencontrer tout le monde sur le pied de l'amitié.

32. Il est tout naturel qu'il y ait différence d'opinion sur le dogme, et de fait, c'est précisément cette diversité de sentimens, qui occasionne les différences de religion ; à cela, il n'y a probablement aucun remède. Mais nous n'avons rien à faire avec cette diversité de sentimens ; le fonctionnement d'un système d'éducation ne dépend pas de la possibilité de réduire toutes ces opinions divergentes à un seul et même symbole. Non, non, assurément non.

33. Nous devons à ce sujet, avoir constamment en vue, qu'il faut faire ensorte que le système d'éducation fonctionne de manière à ce que l'on ne touche pas le moindrement à ce qui tient au dogme ou à la croyance de chaque religion ou secte.

34. Il est juste que les différentes dénominations religieuses aient des garanties qu'elles sont parfaitement à l'abri de toute tentative de la sorte. C'est le seul moyen de nous assurer de la continuation de la confiance qui, comme je me flatte de l'avoir prouvé, sera le résultât des suggestions que renferment les lettres précédentes.

35. Il me reste à faire voir que tout cela peut s'effectuer à la satisfaction des différentes sectes.

LETTRE XII.

36. Si l'opération du système des écoles, était confiée exclusivement au soin d'aucune secte, ou si l'on tentait de la laisser entre les mains de toutes les sectes comme corps religieux, il est clair que la jalousie et les animosités les plus funestes en seraient d'abord le résultat, puis la confusion s'en suivrait, et finalement une impossibilité absolue d'agir.

37. Une tentative de placer tout le système sous le contrôle exclusif du gouvernement, produirait des effets également pernicieux.

38. J'irai plus loin : quoique ce soit le peuple qui y ait le plus grand intérêt, il y aurait du danger à lui confier exclusivemet la conduite du système, et le moins qu'on en puisse dire, c'est qu'il en naîtrait de la confusion.

39. Le gouvernement, le clergé et le peuple doivent donc à mon avis, partager la direction et la responsabilité du système des écoles. La législature tracera comme de raison, la ligne de démarcation entre eux, je n'ai ni le droit ni le désir de le faire ; c'est une chose après tout, qui n'est guère difficile.

40. Comment donc fera-t'on pour l'éducation religieuse des enfans ? D'autres me demanderont de suite, prétendez vous exclure toute instruction religieuse, des écoles ?

41. A la dernière question je réponds de suite, dans la négative. Mais de ce que la religion doit être la base de l'éducation, il ne sensuit pas du tout qu'on doit introduire la controverse et les discussions religieuses dans les écoles.

42. Quant à l'autre question "comment fera-t-on pour l'éducation religieuse des enfans," je me permettrai d'observer que cette partie toute importante de l'éducation, devra être dirigée de manière à faciliter, au lieu d'entraver la marche de l'instruction que devra recevoir la population *entière* de ce pays ; et cela est plus facile à exécuter, qu'on ne l'imagine d'abord.

LETTRE XIII.

43. La diversité de croyances qui existent en ce pays, sera cause, comme de raison, qu'on ne pourra pas enseigner tout ce qui a rapport à la religion ; et comme on l'a déjà observé en d'autres termes, toute instruction spéciale ou exclusive, engendrerait la confusion, et rendrait impossible le fonctionnement d'aucun système d'éducation. L'éducation doit néanmoins être basée sur la religion : mais dans les écoles, on doit agir de manière à se mériter l'assentiment de toutes les classes, et de toutes les dominations religieuses

44. Faut il priver d'éducation toute une population, parceque d'une part l'on est opposé à la lecture illimitée et sans contrôle de la Bible, et que de l'autre on l'approuve ? assurément non, sur tout lorsque l'on a des moyens si faciles, si praticables et si certains de ne compromettre les opinions ni des uns ni des autres.

45. Ceux qui sont d'avis que l'on ne doit pas restreindre la lecture de la Bible, admettront de suite, que les enfans qui fréquenteront les écoles primaires, n'auront jamais le tems, et que peu d'entre eux, seront capables de lire entièrement ce livre divin. Les instituteurs eux-mêmes seront peu disposés à l'expliquer aux enfaus, ou incapables de le faire ; et ceux dont les facultés intellectuelles seront d'un ordre plus élevé, ne s'accorderont pas, introduiront des discussions inutiles et dangéreuses, et au lieu de gagner la bienveillance et le respect de leurs élèves, aigriront leurs dispositions, et les rendront ennemis les uns des autres.

46. Il y a dans la Bible et le Nouveau Testament, assez de ce que l'on appèle doctrine générale qui a rapport aux actions de l'homme, et qui en doit être la règle, pour former un volume qui aurait beaucoup d'attrait et d'intérêt pour la jeunesse, et lui serait d'une grande utilité. Les principes de morale sublime dont est rempli ce livre, sont entremêlés d'une si grande abondance et d'une telle diversité de faits, que des extraits judicieux qu'on en ferait, auraient à cet égard, tout l'effet désiré.

47. Maintenant, de supposer que les Ministres des différentes dénominations religieuses en Canada, seraient opposés à un tel procédé, est une insulte leur faire à tous, c'est un libelle outrageant contre les sentimens les plus beaux de l'humanité.

48. Je me tiens donc pour certain, qu'il n'y aura aucune difficulté à réunir ensemble, un nombre respectable de Ministres de toutes les différentes dénominations religieuses, dans la vue de s'entendre sur tels extraits dont devra être composé un livre facile à comprendre, et qui sera utile et avantageux dans les écoles, e tera les fondemens et la base d'une éducation morale et religieuse, sans porter la moindre atteinte à aucun dogme, et servira à répandre ce que notre Sauveur s'est efforcé d'établir sur la terre, la bonne volonté, la charité et l'amour entre tous les hommes.

LETTRE XIV.

49. Dans le cas où l'on jugerait à propos d'enseigner le Catéchisme dans les ecoles, sur le princípe que le livre d'extraits mentionné dans la lettre précédente, quoique suffisant pour tous les objets dont il y est question, serait néanmoins insuffisant pour instruire les enfans sur leur religion, je me permettrai d'observer qu'il serait peut-être mieux de laisser une instruction aussi spéciale que celle-là, aux ministre splacés à la tête des différentes congrégations dont feraient partie les enfans. Il rentre dans leurs attributions, et c'est leur devoir de s'occuper de ces matières, et assurément qu'ils sont ou devraient être plus propres à remplir ce devoir tout important, que ne le pourraient être des maîtres d'écoles.

50. Mais supposons pour un instant, qu'il faille enseigner le Catéchisme dans

les écoles, qu'est-ce-qui empêche de mettre en pratique, les règles suivantes savoir : que les enfans protestans entrent à l'école le matin, une heure plutôt qu'à l'ordinaire, et récitent leur catéchisme. L'après midi, soit avant, soit après l'école, que l'on accorde une heure aux enfans catholiques pour le même objet. Y a t-il, beaucoup de difficulté, peut-il y avoir la moindre objection à un arrangement aussi raisonable ? Il ne peut y en avoir.

51. Je prie tous ceux qui pensent, de réfléchir sérieusement sur ce que j'ai dit. Ces suggestions ne sont pas faites au-hazard, elles sont le fruit de méditations longues et continues. La justesse de mes observations, supposant toutefois qu'elles soient correctes, m'a d'abord frappé. Cependant je ne m'en suis pas tenu à la première impression, j'ai pensé et réfléchi de nouveau, j'ai comparé et consulté, et après mûre réflexion, j'ai été porté par un sentiment de devoir, à offrir mon humble contribution à aider au progrès d'une cause dont dépend notre sort.

LETTRE XV.

52. Il serait moins difficile de mettre à exécution un système médiocre d'éducation, avec l'aide et la co-opération d'hommes intelligens et véritablement honnêtes, qu'il ne le serait de réussir à faire fonctionner un excellent système, si l'on en confiait l'opération à des hommes qui ne seraient ni philantropes, ni respectés, ni doués d'un grand caractère moral.

53. Dans un pays comme le Bas-Canada, l'observation qui précède n'est susceptible que d'une seule interprétation, il ne peut y en avoir deux.

54. Les vues larges, désintéressées et patriotiques de certains esprits supérieurs, leur ont, dans tous les tems, et dans les circonstances les plus critiques, ménagé plus de ressources pour effectuer le bien de leurs compatriotes, que n'ont jamais pu faire toutes les dispositions législatives, et les actes des gouvernemens.

55. Il est par conséquent évident que le succès d'un système d'éducation, celui-ci ou un autre, soit que les difficultés de l'exécuter soient grandes ou qu'elles soient moindres, dépend de la manière dont on en tentra la mise à effet. Il y a certainement des préjugés. Mon but, comme je l'ai déclaré bien ouvertement, est de faire disparaître les distinctions nationales, ce sera là le grand ressort qui fera mouvoir le tout. On ne devra donc pour cet objet, choisir que des hommes doués de beaucoup de courage moral, véritables amis de leurs semblables, parfaitement au fait de la position relative de tous les partis en Canada, et aux avis et recommandations desquels, les deux populations auront égard, et se conformeront.

56. Ni l'une ni l'autre des populations anglaise et française, n'auront aucune confiance dans l'opération du système, si l'exécution en a lieu sous les aus-

pites d'hommes qui ne soient parfaitement libres de toute prévention ou de tout préjugé d'origine.

57. La tâche sera difficile, et en toute probabilité fort peu agréable. Si elle est remplie honnêtement et courageusement par des hommes intelligens, le pays verra, à n'en pas douter, des jours plus heureux ; et ces hommes descendront au tombeau, avec le sentiment honorable d'avoir contribué à procurer à leurs compatriotes, les bienfaits de l'éducation, de la paix, de l'aisance et du bonheur.

LETTRE XVI.

58. Ayant traité la partie la plus importante du sujet, je passerai maintenant du principe et de la base du système, a ses détails, et j'examinérai quel est le mode de le mettre à exécution dans son ensemble.

59. Je classerai en trois divisions ce qui me reste à dire.

1. Le mode de former le fond pour l'éducation ou les écoles primaires, (*education or common school fund*) et tout ce qui entre dans le département des finances.

II. Les moyens de mettre le présent système à exécution, avec efficacité, y comprise l'organisation des écoles primaires.

III. La discipline intérieure et la direction des écoles.

60. Reprenant cette division du sujet, examinons d'abord quel est

LE MODE DE FORMER LE FOND POUR L'EDUCATION OU LES ECOLES PRI-
MAIRES, (EDUCATION OR COMMON SCHOOL FUND) ET TOUT CE QUI
RENTRE DANS LE DEPARTEMENT DES FINANCES.

61. Dans ce pays, comme partout ailleurs où la génération grandie n'a pas l'avantage d'être généralement bien instruite, l'on ne doit pas s'attendre que le zèle des parens pour l'éducation de leurs enfans, sera bien grand. Ne connaissant pas la puissance immense de l'éducation, les parens qui en sont privés, se tiendront plus ou moins en arrière. D'autres s'exagérant la valeur de l'aide et des services qu'ils reçoivent de leurs enfans, principalement dans les campagnes, regarderont au profit pécuniaire *actuel*, et négligeront de procurer à leurs enfans, l'instruction et les bienfaits qui l'accompagnent.

62. D'ailleurs, l'expérience nous enseigne qu'en général, l'on fait peu de cas de ce qui coute peu. Si l'on ne fait pas contribuer aux moyens de répandre l'éducation, ceux qui en ont le plus de besoin, ils l'estimeront peu, et se donneront bien peu de peine pour se la procurer.

63. Outre que l'on doit faire contribuer les parens, au fond pour l'éducation

et aux moyens de soutenir et mettre à exécution le système, on doit faire ensorte qu'ils s'intéressent au succès des écoles, et cet intérêt doit être tel, qu'aucun enfant en état d'aller à l'école, n'en soit exempté.

Dans ma prochaine lettre, je déveloperai cette proposition.

LETTRE XVII.

64. Pour empêcher le peuple de faire peu de cas de l'éducation, et créer
chez lui de l'intérêt pour l'instruction, et lorsqu'il s'y intéressera, l'engager à
envoyer les enfans à l'école, il faut avoir recours à une contribution pécuniaire,
par la voie d'une taxe directe.'

65. L'on objectera qu'une taxe directe sera impopulaire, qu'elle excitera le
peuple contre le fonctionnement du système, et qu'en conséquence on ne pourra
atteindre l'objet en vue.

66. En réponse à ces objections, qu'il me soit permis de soumettre les observations suivantes. Une taxe directe n'est pas toujours, même pour celui qui la
paye, un mode embarrassant ou onéreux de prélever un revenu quelconque, et
si de même que dans le cas présent, comme on le fera voir, le peuple a moins à
payer pour procurer aux enfans, une bonne éducation, qu'il n'aurait eu à contribuer indirectement, sous l'empire d'autres systèmes, tout en ne leur fesant donner qu'une mauvaise éducation, il est clair alors qu'il est plus avantageux de
taxer directement.

67. Outre la taxe directe que ne ressentira que très légèrement, chaque père
de famille, on devrait imposer une amende à chaque parent qui n'enverrait pas
ses enfans à l'école, le produit de ces amendes, devant être appliqué à l'achat
de livres pour l'usage des écoles.

68. Ceux même qui n'approuveront pas le mode que je suggère, convien-
dront toutesfois, que ce sera le moyen de forcer les parens d'envoyer leurs enfans à l'école. Si après tout, il y a quelques murmures, ils seront de courte
durée, et les avantages que procurera aux parens et aux enfans, l'éducation utile
que l'on donnera à ces derniers, indemniseront bientôt et abondamment, de la
mauvaise humeur passagère occasionnée par le mode que je suggère.

69. Il me parait que si toutesfois, la taxe directe est d'abord impopulaire dans
certains quartiers, ce ne sera dû qu'au défaut d'éducation de nombre de parens,
et leur incapacité à apprécier les bienfaits de l'instruction. Faut-il donc attendre que la présente génération grandie ait disparu, pour proposer un système
dont l'objet est de remédier au mal présent, et parer aux malheurs futurs encore
plus grands.

70. Dans ma prochaine lettre, je ferai voir clairement, que sous une administration convenable, les parens ont tout à gagner dans le présent système, sur les
précédens, si on leur fait payer une taxe directe.

LETTRE XVIII.

71. Comme il est clair que dans l'état actuel de la société dans le Bas-Ca-nada, une taxe directe est nécessaire pour créer cet intérêt pour l'éducation de la jeunesse, dont le défaut se fera ressentir à un haut dégré pour quelques tems, je vais maintenant faire voir que loin d'être par là fatigués, les parens auront à payer beaucoup moins, que sous le régime des systèmes precédens.

72. Pour mieux faire comprendre ceci, prenons le bill d'éducation de 1836 qui était fait pour répondre, et dont les dispositions répondaient mieux aux be-soins du pays, qu'aucun de ceux qui l'avaient précédé.

73. Dans ce système, le pays devait être divisé en 1,658 districts ; divisons le en 1300 districts, afin de mieux saisir les calculs suivans que j'ai empruntés au Rapport ci-après mentionné. L'on a calculé que, terme moyen, (*) dans chaque école, 50 enfans la fréquenteront constamment. Prenant en considéra-tion, le montant du fond pour les écoles, celui qu'il faudrait former pour complé-ter la somme nécessaire pour faire face aux dépences de l'établissement entier, y comprises les écoles tant normales qu'élémentaires, les allocations pour les districts indigens, l'achât des livres, etc., l'on calculait dans le système de 1836, que pour éduquer 33,160 enfans, il en coûterait, £71,000 par an ; tirant par là de la poche des habitans annuellement, dans les campagnes, £30,600 qu'auraient eus à payer, tout ou plus 33,160 parens, ce qui eût fait à peu près 16s. par an, pour chaque parent.

74. D'après une combinaison et un calcul plus judicieux, £25,000 seulement sortiraient de la poche des parens, au moyen d'une taxe directe de 8s. ou 10s. par an ; et ce qu'il y a de plus remarquable, c'est qu'au moyen d'une taxe à un taux beaucoup plus bas, sur chaque habitant, l'on pourrait réaliser le même montant en cotisant 200,000 taillables, au lieu de faire peser le fardeau sur 33,160 pa-rens.

75. Ainsi, d'après le Bill de 1826, 50 parens auraient eu à payer chacun 16s par forme de contributions entre 33,160 parens seulement, pour former £30,600 ; tandisque qu'en faisant payer une taxe directe de 2¦6 à chacun des 200,000 pa-rens, on ne tirerait de la poche des habitans dans les campagnes, que la somme bien moindre, de £25,000.

76. Deplus, sous l'opération du Bill de 1836, la somme énorme de £71,000 eût été nécessaire pour instruire assez médiocrement 33,160 enfans, tandisqu'au moyen de la taxe sus-mentionnée, l'on pourrait donner une bonne éducation au double de ce nombre d'enfans, c'est-à-dire à peu près 66,320 enfans, sans qu'il en coutât plus de £57,000.

J'ai eu recours aux calculs qui précèdent, pour prouver que non seulement

(*) Rapport de M. A. Buller, au Lord Durham:

une taxe directe favorisera d'avantage le progrès de l'éducation, mais que dans ce système, les parens auront à payer beaucoup moins qu'ils n'auraient à contribuer autrement.

LETTRE XIX.

77. Les sommes d'argent mentionnées dans ma lettre précédente, formeront une partie du complément que payeront les habitans, pour remplir le *déficit* du montant total requis pour les dépenses de l'établissement.

78. Comment donc prélèvera-t-on le fond même, et comment en disposera-t-on ?

79. Chez nos voisins de l'Etat de New York, où l'on a beaucoup d'expérience sur cette matière, la législature accorde annuellement une certaine somme d'argent à chaque *Town* (*), pour subvenir aux frais de l'instruction primaire : de sa part, le *Town* est tenu de se cotiser à un montant égal à celui voté par la législature. Ce système réussit bien. Si le *Town* était obligé de former le montant requis, il est probable qu'il s'y refuserait, ou se verrait dans l'impossibilité de le faire. D'un autre côté, si la réalisation des fonds, était due exclusivement à l'aide et au vote de la législature, le *Town* n'éprouverait aucun sentiment d'intérêt à surveiller l'application d'argens dont il ne payerait qu'une bien petite proportion. La législature est libérale dans ces octrois, sans néanmoins porter atteinte à l'intérêt que chacun éprouve toujours, pour ce qu'il fait lui-même.

80. D'ailleurs, dans l'Etat de New York, l'opinion générale qu'appuie l'expérience, est en faveur de ce système. Le pauvre est plus zélé à se procurer des moyen d'instruction, qui pèsent légèrement sur lui, mais aux quels il sait qu'il contribue, qu'il ne le serait, s'ils étaient gratuits, et accordés comme un acte de charité.

81. Dans l'Etat de Connecticut, dès l'année 1655, les parens et les maîtres qui négligeaient d'envoyer à l'école, leurs enfans ou leurs apprentis, étaient sujets à payer une amende de dix chelins pour la première offense ; vingt chelins si trois mois après la première condamnation, une seconde devenait nécessaire : pour une troisième offense, le délinquant était exposé à payer une plus forte amende, et pouvait être privé de la tutelle de ses enfans ou de ses apprentis.

82. Une combinaison qui résulterait de ces deux systèmes, pourrait, je crois, répondre à nos besoins. Le fond pourrait être formé comme dans l'Etat de

---

(*) Le *Town* se compose de terres, maisons, edifices publics, chemins et habitans.

New York ; et là négligence ou l'indifférence des parens, pourraient être corri-
gées par le moyen d'une taxe directe, et d'amendes dans le cas ou ils néglige-
raient d'envoyer leur enfans à l'école, depuis l'âge de cinq jusqu'à celui de
seize ans.

83. Ce ne sont là que de simples suggestions susceptibles de modifications ;
elles suffiront peut-être, après tout, pour en faire naître de meilleures. .

LETTRE XX. .

84. Je me flatte de m'être bien fait comprendre.   C'est en partié du vote de
la Législature qui appropriera une certaine portion du revenu du fond pour l'é-
ducation, que l'on obtiendra les argens nécessaires pour mettre le système à exécution ; les localités devront pourvoir au surplus, par le moyen de cotisations ;
les votes de la Législature ne devant avoir d'effet, que du moment que les cotisations localés seront disponiblés, et non avant.

85. Si le gouvernement (comme il est de son devoir de le faire) mettait à la
disposition de la Législature, les biens des Jésuites, l'on en pourrait tirer, ainsi
que des terres de la Couronne, une partie considérable de la somme requise.
Ces terres pourraient être vendues, et le capital placé avantageusement. Les
biens des Jésuites administrés avec soin, deviendraient très productifs. D'ailleurs,
la Législature sentant l'extrême importance d'instruire le peuple, ne manquerait
pas de faire son devoir.

86. Il serait nécessaire, à mon avis, de former un autre fond, sinon dès le
principe, du moins bien prochainement.   Je parle d'un fond pour l'achat de
Bibliothèques de localités ou arrondissemens d'écoles, (*school district libraries*)
dont le montant ne devrait être payé aux localités, que lorsque par le moyen de
cotisations, elles auraient à leur disposition, et disponible, une somme égale à
celle votée par la Législature.

87. Je prendrai la liberté de faire du Rapport annuel du Surintendant des
écoles élémentaires de l'Etat de New York, à la Législature, en date du 3 Janvier 1840, l'extrait suivant, relatif au Bibliothèques de localités ou arrondissemens d'écoles (*school district libraries*.)

"L'introduction des Bibliothèques pour les arrondissemens d'écoles (*school
district libraries*) est une amélioration destinée à exercer sur le caractère individuel du peuple, une influence plus puissante que tout ce que l'on a jusqu'à
présent, tenté dans cet Etat.   D'après le nom qu'on donne à ces Bibliothèques,
il serait naturel de supposer qu'elles ne sont destinées exclusivement qu'a l'u-
sage des écoles ; mais elles n'ont pas été fondées dans des vues aussi rétrécies.
Elles furent recommandées à la Législature, par le Surintendant des écoles
élémentaires, en 1834 "pour l'avantage de ceux qui ont achevé leur éducation
aux écoles élémentaires, aussi bien que pour ceux qui n'y ont pas été éduqués."
Ces Bibliothèques ont été établies dans le but d'élever la condition intellectu-

elle du peuple entier, par le moyen de collections de livres accessibles à tous, dans chaque localité ou arrondissement d'école (*school district*). * * *

* * * * * * * * * * * *

* * * * * * * * * * * *

" Les Bibliothèques pour les écoles élémentaires sont, dans l'acception la plus stricte et la plus exacte, des institutions dans l'intérêt du peuple. De même que les écoles primaires, elles sont au nombre des moyens les plus efficaces pour corriger (autant que le peuvent faire les règlemens humains) ces inégalités de condition qui naissent de certains avantages supérieurs de la fortune. Les facultés intellectuelles des hommes varient ; il est par conséquent, dans l'ordre de la nature, que des individus n'entrent pas entre eux en compétition sur un pied d'égalité, pour l'acquisition des richesses, de l'honneur, et des distinctions politiques. Mais il est au pouvoir du Gouvernement, d'empêcher qu'il n'y ait de plus grandes inégalités, en fesant en sorte qu'il y ait pour tous, des moyens convenables de cultiver leur esprit. Dans tous les cas néanmoins, ceux qui par leur fortune, sont exemptes de consacrer une partie de leur tems à des travaux manuels ou intellectuels, ont un avantage sur ceux qui sont obligés de pourvoir à leur subsistence, par leur propre industrie. Le tems que ces derniers peuvent donner à la culture intellectuelle, est souvent extrêmement limité ; et ils seront en but à de bien plus grands désavantages, si les moyens qu'ils ont de s'instruire, sont peu nombreux et imparfaits.'

(La continuation de cet extrait, dans ma prochaine lettre.)

LETTRE XXI.

Bibliothèques pour les Ecoles Primaires.

Continuation des extraits du Rapport du Surintendant des écoles primaires de l'Etat de New York, fait à la Législature, le 3 Janvier, 1840.

" En portant à un aussi haut dégré d'élévation que possible, l'éducation des écoles primaires, le devoir du Gouvernement, en autant qu'il y va des bases du caractère moral et intellectuel, sera rempli ; il ne peut alors rien faire de plus que de mettre à la portée de tous, les moyens de s'instruire par la lecture. Les enfans des riches ne manqueront pas de livres, leurs parens les leur procureront ; mais les enfans de ceux qui sont incapables d'acheter des bibliothèques, seront inévitablement privés en grande partie lorsqu'ils auront fini leur éducation primaire, des moyens de cultiver leurs connaissances, à moins qu'on établisse des bibliothèques publiques, et qu'ils puissent y avoir accès. Les bibliothèques des écoles primaires, sont donc singulièrement propres à faire du bien à ceux dont les moyens sont limités ; elles devraient se composer d'ouvrages sur des sujets d'un usage pratique, ainsi que de livres propres à donner le goût de la lecture. L'ouvrier et le cultivateur devraient y trouver les connaissances qui leur sont nécessaires pour faire de leurs talens, l'application la plus avantageuse, en leur enseignant comment ils peuvent faire servir à leur profit, les lois de la nature ; car dans ces branches mêmes de l'industrie dont les opérations sont presque entièrement pratiques, la connaissance des lois auxquelles elles sont subordonnées, est indispensable pour parvenir à un haut dégré d'habileté et de succès."

88. Je n'ai guère besoin de m'excuser d'avoir gratifié le public d'extraits copieux d'un document public aussi bien digéré et aussi éminemment pratique, que l'est le Rapport sus-mentionné. L'importance des bibliothèques des écoles primaires, et la facilité avec laquelle l'on pourrait les établir ici, comme on l'a fait dans l'Etat de New York, n'échapperont, j'ôse l'espérer, à l'attention d'aucun membre intelligent de la société.

89. Je sais fort bien qu'on ne pourrait pas dès le principe, introduire ces bibliothèques des écoles primaires ; il est bon néanmoins, de ne pas perdre de vue leur utilité, afin qu'en tems convenable, ou en puisse rendre l'usage général.

LETTRE XXII.

90. Si le mode de former le fond pour les écoles primaires, en usage dans l'Etat de New York, est adopté par notre Législature, il doit paraître clair à tout le monde, que les localités ayant à se cotiser à un montant égal à la somme votée par la Législature, (et ce avant de toucher cette allocation) le fond ira toujours croissant.

91. Ces lettres n'étant pas destinées à servir d'index à toutes les matières de détail inséparables d'un système général d'éducation élémentaire et pratique, le public s'apercevra de suite, que ce sont des suggestions que je fais, et que j'ai esquissé un plan ou système, et voilà tout. Ces suggestions aussi bien que celles qu'il me reste encore à faire, pourront aider peut-être à mûrir un plan, laissant ensuite à la Législature, prendre telles mesures que dans sa sagesse, elle jugera les plus convenables.

92. Il est à espérer que le gouvernement mettra sans délai, à la disposition de la Législature, tous les moyens dont il pourra disposer, de manière que dès le principe, il y ait un fond qui puisse rendre certaine, prompte et avantageuse, l'opération du système.

93. Le gouvernement absolu et militaire de la Prusse, déploie dans ce moment, le plus grand zèle et l'activité la mieux soutenue, pour répandre parmi le peuple, les connaissances élémentaires et utiles ; dans les Etats-Unis, les Maisons de Réfuge pour les jeunes délinquens, renferment, pour l'instruction de la jeunesse de l'un et de l'autre sexe, un système régulier d'éducation, qui fonctionne admirablement bien. Sera-t'il donc dit que notre gouvernement est tellement ennemi de l'instruction du peuple, et d'un égoïsme tellement froid, qu'il demeuro en fait de civilisation, en deça de la marche d'un gouvernement despotique, et de la discipline d'une Maison de Refuge pour les jeunes délinquens ?

94. Il faut espérer que la Législature unie, dès sa première session, donnera à

la cause de l'éducation, son attention la plus sérieuse, et qu'elle prouvera à la société en général, que nous ne devons pas être privés d'avantage, d'un système d'éducation au moyen duquel, toutes les classes de la société, quelques soient leur origine, leur religion ou leur politique, puissent recevoir une éducation semblable et uniforme, les distinctions nationales disparaissent, la paix, l'harmonie, la confiance et le bonheur renaissent, et la prospéré du pays soit assurée.

LETTRE XXIII.

'95. J'en viens maintenant aux

MOYENS DE METTRE EFFICACÉMENT A EXÉCUTION, LE PRÉSENT SYSTÈME D'EDUCATION, COMPRENANT L'ORGANISATION DES ECOLES PRIMAIRES.

96. L'on ne saurait trop souvent rappeler au Gouvernement et à la Législature, que le succès du système, (quelqu'il soit,) dépendra principalement de ceux dont on fera choix pour le mettre à exécution. Vrais patriotes, désintéressés, clairvoyans, pratiques et doués d'une grande énergie tempérée néanmoins par la prudence, tels doivent être les hommes que l'on placera à la tête du système.

97. D'ailleurs, comme on l'a déjà observé, ces hommes quelque intelligens et honnêtes qu'ils soient, ne devront jamais s'attendre à voir leurs efforts couronnés de succès, s'ils ne sont pas connus favorablement du pays, et distingués sous le rapport d'un affranchissement absolu de préjugés nationaux.

98. J'irai plus loin : l'on peut être dégagé de préjugés nationaux, et malgré cela, ne pas avoir ce courage moral qui seul met un homme vraiment philantrope, en état de réaliser ses vues, sans se laisser effrayer par les clameurs de parti, ou par une opposition aveugle et obstinée qui a sa cause et son aliment dans l'ignorance qu'il a pour but de dissiper.

99. Il n'est pas difficile d'apercevoir la vérité, et de saisir l'application des observations qui précèdent ; il est donc du devoir de la Législature et de l'exécutif, de législator et de faire un choix judicieux d'hommes qui avanceront au lieu de retarder la marche de l'Education Elémentaire et Pratique en Canada. Le défaut de succès à cet égard, serait fatal, et à la Législature et à l'exécutif en serait attachée la terrible responsibilité.

LETTRE XXIV.

100. Pour mettre efficacément à exécution, le présent système d'éducation la première chose à faire, je pense, sera de diviser le pays entier, en arrondissemens d'écoles.

101. Une commission devra, en tems et lieu, être nommée, à cette fin ; elle

devra comme de raison, être composée d'hommes connaissant bien le pays, et dont le caractère soit pour le public, une garantie qu'ils s'acquitteront correctement et avec impartialité, de leurs devoirs. Je me tiens pour assuré que leurs pouvoirs seront bornés à l'objet en contemplation, et que du moment que les divisions auront été effectuées, et qu'ils auront fait leur rapport aux autorités compétentes, leur jurisdiction cessera.

102. Le territoire et la population devront être combinés ; le territoire, afin de centraliser les chefs-lieux, de manière que les habitans et leurs enfans jouissent de cet avantage ; la population, afin d'égaliser autant que possible, les octrois d'argens, et les taux des taxes ou cotisatisations, et afin qu'il y ait une base déterminée sur laquelle l'on puisse appuyer une répartition fixe et uniforme, et que justice soit rendue à chacun.

103. En principe, il me parait qu'il en doit être ainsi. Lorsque nous en viendrons à l'opération pratique, l'on s'apercevra que ce procédé est non seulement conforme à la justice, mais que l'exécution en est facile, tellement que peu ou personne n'y trouveront à redire.

104. En référant à la Lettre XVIII, No. 73, on verra que j'ai fait usage de certains calculs tirés d'un Rapport y mentionné, qui reposent sur la supposition qu'il y aurait 1300 arrondissemen d'écoles. Il est évident qu'une telle division de la population et du territoire, ne peut convenir à mon système dont les départemens inférieurs, s'ils sont greffés sur les deux ordonnances dont il sera question dans ma prochaine lettre, requiereront des divisions sectionnelles bien différentes, comme il sera expliqué au No. 115.

105. L'on apercoit de suite, la convenance de poser un principe ou base fixe. La population allant toujours croissant, ce mode est équitable, et il n'est susceptible d'aucune difficulté.

106. Le territoire étant aussi pris en considération, il s'ensuit que jusqu'à ce qu'un nouvel arrondissement soit formé, à raison de l'accroissement d'une population de 300 habitans, les enfans de cette population surnuméraire, fréquenteront l'école de l'arroudissement voisin. A la demande des habitans, et subséquemment sur la réprésentation qu'en feraient les Gardiens des écoles, aux Inspecteurs, puis sur celle de ces derniers au Surintendant, l'on ferait une nouvelle division. Ceci se comprendra mieux, lorsque nous en viendrons à cette partie du système, qui a rapport plus immédiatement à ces différens officiers.

LETTRE XXV.

107. S'il y a des municipalités en opération, à l'époque où le système des écoles sera mis à exécution, le fonctionnement de ce système en deviendra beaucoup plus facile, particulièrement quant à ce qui a rapport plus immédiatement à l'élection des divers officiers qui seront requis pour donner suite aux différentes dispositions législatives que l'on doit attendre à cet égard.

108. Supposant donc l'existence de deux Ordonnances passées par le Gouverneur et le Conseil Spécial, l'une de la 4ème année Vict. C. 3, intitulée "Ordonnance qui prescrit et règle l'élection et nomination de certains officiers dans les différentes Paroisses et différens Townships de cette province, et qui renferme d'autres dispositions touchant les intérêts des habitans de ces divisions de la Province"; l'autre de la même année C. 4, intitulée, "Ordonnance qui pourvoit au meilleur Gouvernement intérieur de la Province, au moyen de l'établissement d'autorités municipales en icelle," ou de quelques dispositions législatives du même genre, en vertu des quelles, des officiers de paroisses ou de Townships, pourraient être nommés ou élus, pour surveiller les intérêts des habitans des campagnes, j'en viens maintenant à suggérer un plan d'organisation qui me parait étendu, simple et dégagé de ces difficultés et de cette multiplicité d'offices, incommodes et dangéreuses; incommodes parce qu'elles embarrassent l'action énergique d'un système; dangéreuses, parceque divisant, pour ainsi dire, cette même action, elles affaiblissent trop la responsabilité qui devrait et pourrait sans danger, exister dans chacun du petit nombre de départemens qui rentrent dans le présent système.

109. La première des Ordonnances mentionnées plus haut, pourvoit à l'élection de trois Cotiseurs dans chaque division locale consistant de pas moins de 300 habitans tenant feu et lieu, qui "cotiseront ou taxeront aux taux qui seront déterminés par aucun acte ou actes de la Législature de cette Province, ou de toutes autres autorités compétentes, les taxes ainsi imposées, payables par les habitans de telle division." Elle pourvoit aussi à l'élection d'un Collecteur pour chacune des susdites divisions, dont le devoir consistera à "demander et recevoir des habitans tenant feu et lieu, de la dirision locale pour laquelle il aura été élu Collecteur, comme dit est, toutes cotisations ou impôts qui seront dus et payables dans chacune des dites divisions, et il rendra compte, et payera les argens qu'il aura ainsi reçus, suivant qu'il sera ordonné par la loi."

110. Par l'autre Ordonnance C. 4. Sec. 28, il est statué "qu'il sera loisible au Gouverneur de cette Province, de nommer dans chacun des dits Districts, une personne propre et convenable pour être et qui sera appelée Trésorier de District; et cette nomination sera faite par un instrument qui sera émané sous le grand sceau de cette Province, après que la personne nommée par le Gouverneur, aura donné bonne et suffisante caution." pour la due exécution de la charge de Trésorier, et là reddition de compte exacte des argens qui seront parvenus entre ses mains, en vertue de la dite charge. • • • •

111. L'on pourrait, comme j'aurai occasion de le faire voir dans ma prochaine lettre, au moyen de quelques modifications, se servir avantageusement des dispositions législatives qui précèdent.

LETTRE XXVI.

112. Il serait bon, avant d'aller plus loin, de relire la lettre précédente. Eussé-je tenté de renfermer dans une seule lettre, tout ce que j'ai à dire sur ce sujet particulier, je l'aurais rendue trop longue.

113. Nous rappelant donc les dispositions des deux Ordonnances, dont il a été question, je pense que l'on pourrait adopter l'organisation suivante.

I. Qu'à chaque assemblée qui se tiendra pour l'élection des officiers requis par la dite Ordonnance C. 3, l'on élise 3 Cotiseurs pour chaque arrondissement d'écoles, leurs droits et leurs devoirs à être définis par la loi des écoles. Il serait nécessaire qu'ils souscrivissent à un serment d'office, avant d'agir.

II. Qu'à chacune de ces assemblées, l'on élise un Collecteur pour chacune des dits arrondissemens d'écoles. Les devoirs de cet officier, seraient de la même nature que ceux des Collecteurs dans les divisions locales. Ces Collecteurs pour les arrondissemens d'écoles, auraient à donner caution pour l'accomplissement de leurs devoirs, et ce, à la satisfaction des Gardiens des écoles, dont je parlerai bientôt.

III. Par l'autre des dites Ordonnances C. 4. il est pourvu, comme je l'ai déjà observé, à la nomination par le Gouverneur, d'un Trésorier de District, qui doit donner caution à la satisfaction du Gouverneur. Les Collecteurs des arrondissemens d'écoles, auraient à verser entre les mains du Trésorier du District, dans les limites duquel serait inclu un arrondissement, tous les argens qu'ils auraient perçu des habitans, afin que le Trésorier les distribuât ensuite, suivant qu'il serait ordonné par la loi des écoles, sur un ordre ou warrant des Gardiens des écoles, ci-après mentionnés. Le Trésorier serait tenu de soumettre annuellement ou sémi-annuellement au Gouverneur et au Surintendant, un retour détaillé, et des comptes ou états de toute la dépense des écoles qui se trouveraient renfermées dans les limites de sa jurisdiction, et ensuite le Gouverneur aurait à mettre ces retours, comptes ou états devant la Législature, au commencement de chaque Session.

IV. Au lieu d'avoir trois officiers différens, savoir : des Commissaires des écoles, des Syndics et des visiteurs, je suggérerais la convenance de concentrer les devoirs de ces officiers divers, dans la personne de Gardiens des écoles, qui se composeraient du Clergé et ministres de la religion résidens, deux chefs de famille residens dans l'arrondissement, nommés par l'Inspecteur, et deux par le Conseil de District, annuellement. Ces Gardiens devraient avoir la disposition de tout ce qui appartiendrait légalement à toutes les écoles de l'arrondissement, et de toutes les propriétés foncières qui en dépendraient. Ils verraient à faire observer toutes les dispositions de la loi concernant l'érection, la réparation et le chauffage des maisons d'écoles. Ils nommeraient les maîtres et maitresses d'écoles, pourvû que leur qualification fût, au préalable, établie par un certificat de capacité, de principes religieux et de bonnes mœurs, octroyé par une école normale, modèle ou autre compétente à accorder de tels certificats. Ils auraient droit de visiter, sans avis préalable, les écoles dans leurs arrondissemens respectifs, pourvû qu'ils ne fûssent pas en moindre nombre que quatre. Ils seraient revêtus du droit et des moyens de renvoyer les maîtres et maîtresses d'écoles, pour cause de mauvaise conduite. Le salaire des maîtres et maîtresses d'écoles, ne pourraient être payés par le Trésorier, que sur un ordre ou warrant des Gardiens des écoles. Ils seraient tenus de faire un rapport annuel à l'Inspecteur du District, et recommanderaient, lorsqu'il y aurait lieu de le faire, la formation de nouveaux arrondissemens d'écoles ; l'on donnerait à ces rapports, autant de publicité que possible, soit en les affichant dans quelque endroit fréquenté, soit en les déposant dans quelque lieu où les habitans y auraient accès.

114. Les détails d'administration de ces quatre départemens, devront être réglés par la loi des écoles.

115. Telle devrait être à mon avis, l'organisation des départemens inférieurs, du système des écoles.

Je vais maintenant expliquer, en peu de mots, comment, à mon avis, devraient être faites les divisions des arrondissemens d'écoles. La population totale du Bas Canada, est d'environ 700,000 âmes. Je me suis assuré, par de nombreux calculs comparatifs, que le nombre des chefs de famille tant propriétaires que locataires et fermiers, aux termes des deux Ordonnances sus-mentionnées, est d'un sixième de toute la population ; ce qui nous donne 116,000 chefs de famille ; à ce nombre, il faut ajouter 4,000 pour les Townships, où il y a beaucoup moins d'enfans que dans les Seigneuries, nous voilà donc avec 120,000 chefs de famille. J'ai suggéré que chaque arrondissement d'écoles consistât de 300 chefs de famille, nous aurons donc 400 arrondissemens d'écoles.

Dans ma prochaine lettre, j'expliquerai mes vues quant à ce qui a rapport aux fonctionnaires plus élevés.

LETTRE XXVII.

Surintendant des Ecoles Elémentaires.

116. A la tête du système des écoles, devrait être placé un homme qualifié sous tous les rapports, auquel l'on donnerait le nom de Surintendant des Ecoles Elémentaires. Ses devoirs étant d'un ordre élevé, et le fonctionnement du système, dépendant principalement de cet officier, il devrait être religieux, homme de talens, ferme, clairvoyant, pratique, bienfaisant et absolument libre de tous sentimens et préjugés nationaux, et connu pour tel. Il devrait connaître les meilleurs système, d'Education Elémentaire, et Pratique, et posséder, comme de raison, l'anglais et le français. C'est lui qui serait le Trésorier ou déposi-

taire du fond permanent d'éducation, et le distribuerait d'après les proportions prescrites. Les livres que l'on étudierait, les études que l'on suivrait, et la direction de la discipline des écoles, devraient être exclusivement sous son contrôle. Par lui, devraient être déterminées sans appel, toutes questions ou difficultés qui naîtraient de l'interprétation ou de l'opération de la loi des écoles. Il devrait être tenu de mettre annuellement, devant la Législature, un Rapport complet de l'étât de l'éducation dans la Province, et de tout ce qui y a rapport. Il recevrait et classerait les Rapports que lui feraient les Inspecteurs, ainsi que ceux des Trésorier de Disricts, et les mettrait devant la Législature, accompagnés de tels commentaires, observations et suggestions qu'il jugerait convenable ; on devrait donner à son Rapport autant de publicité et de circulation que possible. De même que les Inspecteurs, il devrait être nommé par le Gouverneur, durant bonne conduite, et serait tenu de résider au Siège du Gouvernement.—Il serait tenu, sous peine de perdre sa place, de s'abstenir de se mêler de politique, et il serait aussi tenu de décourager toutes distinctions nationales et principes de sectes, aussi bien que toutes discussions ou préventions de la sorte, qui se manifesteraient ouvertement. Comme il s'agirait d'empêcher que le peuple ou le Gouvernement ne se mêlâssent de ce qui le regarderait uniquement, et qu'il serait important qu'il fût à l'abri de l'influence de l'un et de l'autre, il devrait y avoir un Tribunal où on l'accuserait, et par lequel il serait convaincu ou acquitté. Je ne serais pas d'avis que la Cour d'Appel, dans le cas même où l'on aurait l'indépendance des Juges, fût appelée à s'enquérir de telles accusations. On serait peut-être porté, au premier abord, à supposer que ce Tribunal offrirait au public, des garanties suffisantes de l'intégrité, de l'impartialité et de la compétence de ses enquêtes et de ses jugemens ; mais outre l'inconvenance d'associer de telles enquêtes aux devoirs qui doivent être les seuls attachés à la charge judiciaire, il est évident que le Surintendant ou les Inspecteurs pourraient s'engager, ou être entrainés par d'autres, dans des difficultés qui nécessiteraient l'intervention judiciaire dont on aurait besoin, et qu'on requièrerait dans les Tribunaux inférieurs, des jugemens desquels on interjeterait ensuite des appels, afin de les faire reviser. Alors les Juges d'Appel ayant après mûre délibération, déjà formé, exprimé et enrégistré leurs opinions, quelle justice pourrait espérer d'obtenir la partie lézée ? Il faut donc jeter la vue ailleurs, si l'on veut avoir un tribunal qui soit composé de telle sorte, que ses décisions soient non seulement impartiales, mais même au-dessus de l'ombre du soupçon de partialité.

LETTRE XXVIII.

117. Le Surintendant des écoles élémentaires devra être nommé par le Gouverneur, durant bonne conduite ; on devra le rendre indépendant, et le mettre à l'abri de toute influence indue que pourrait tenter d'exercer sur lui, le Gouver-

nement, ou le peuple ; sans cela, on ne pourra pas s'attendre qu'il marche d'un pas ferme et assuré, et qu'il s'acquitte de ses devoirs tout importans, avec impartialité envers *toutes* les classes variées et multipliées de la société.

118. Si donc, il était, avec raison, ou par esprit de malice et de persécution, accusé par le peuple ou par le Gouvernement, la société aurait droit, et ce ne serait qu'un acte de justice envers les parens, les enfans, le public, et de l'honneur de tous les départemens de l'éducation, que le chef de tout le système, ne fût traduit que devant un tribunal non seulement parfaitement impartial, mais même au-dessus de l'ombre du soupçon de partialité.

119. Le Gouvernement ayant le droit de nommer, ne devrait ni être juge, ni choisir les juges ou aucun d'eux, lorsqu'il s'agirait d'une enquête et d'un jugement sur les accusations portées contre son propre officier. Néanmoins, l'organisation que je vais suggérer pour la composition d'un tribunal d'*Impeachment* est telle que bien strictement parlant, le Gouverneur ne devra avoir aucune influence sur les décisions de ce tribunal, il ne sera pas entièrement sans voix, ou sans y être représenté.

120. La Couronne nomme tous les Membres du Conseil Législatif ; elle nomme aussi l'Orateur de cette branche de la Législature ; elle a donc, si je puis m'exprimer ainsi, une sémi-influence sur ce corps, ou peut l'exercer sur quelques uns de ses membres ; il s'ensuit par conséquent, que si ce tribunal d'*Impeachment*, est composé en partie de Membres du Conseil Législatif, et en partie de Membres de la Chambre d'Assemblée, la Chambre Haute devrait en nommer un plus petit nombre, que la Chambre d'Assemblée, autrement il sera impossible de maintenir cet équilibre qui doit exister dans tous les départemens du système des écoles, de manière à assurer pour toutes les classes de la société sans distinction, une administration du système entier, qui soit non seulement pure, mais même à l'abri de tout soupçon.

121. Je me permettrai d'ajouter qu'il convient de se mettre en garde contre toute probabilité humaine de connivence entre tous ou partie des membres du tribunal d'*Impeachment*, pour éluder les fins de la justice ; par conséquent, plus le nombre des juges sera grand, surtout si on les tire de différens corps, et moins il y aura de danger qu'ils s'unissent dans les vues iniques dont j'ai parlé plus haut.

122. Après avoir donné à ce sujet, toute l'attention dont j'ai été capable, j'en suis venu à la conclusion suivante.

123. Je propose que le tribunal d'*Impeachment* soit composé de sept membres dont deux nommés par le Conseil Législatif, et trois par la Chambre d'Assemblée, et que l'Orateur du Conseil Législatif et l'Orateur de la Chambre d'Assemblée, soient *ex officio*, et le droit, membres de ce tribunal.

124. Y ayant sept membres, on n'aura jamais d'autre décision que celle de la majorité, et celle-là seule sera efficace.

LETTRE XXIX.

125. La Province devrait être divisée en cinq divisions d'inspection, chaque Inspecteur devant être nommé par le Gouverneur, durant bonne conduite. Si ces Inspecteurs se rendaient coupables d'actes de malversation, ils devraient être traduits, pour être jugés, devant le tribunal d'*Impeachment* mentionné dans ma lettre précédente. Chaque Inspecteur devrait résider au chef-lieu de la division. Je propose qu'il y ait cinq Inspecteurs, afin que chaque District en ait un. Leurs devoirs consisteraient à recevoir, rassembler et classifier tous les Rapports qui leur seraient faits par les Gardiens des écoles, à faire des extraits de ces Rapports, et à les transmettre tous les six mois, au Surintendant, les accompagnant de leurs observations sur l'état des écoles etc. en forme de Rapport auquel il faudrait donner autant de publicité que possible, dans les divisions d'inspection.

Les Inspecteurs devraient être tenus de visiter, au moins une fois par an, toutes les écoles dans leur divisions respectives. De même que le Surintendant, ils devraient, sous peine de renvoi, s'abstenir de se mêler de politique ; ils devraient aussi décourager toutes distinctions nationales, tous principes de secte, et toute discussions et préventions de ce genre, qui se manifesteraient ouvertement.

126. Il est à peine nécessaire d'observer que ces Inspecteurs devraient être des hommes de caractère, et que leurs qualifications intellectuelles et morales ne devraient guère être inférieurs à celles que l'on exigera du Surintendant.

127. Je ne verrais aucune difficulté à faire aux trois grandes Villes, l'application du principe d'organisation que j'ai suggéré pour l'élection des Cotiseurs et des Collecteurs, et la nomination des Gardiens des écoles; nous rappelant toujours néanmoins, que le nombre des Cotiseurs devrait, autant que possible, être proportionné à la population, et que les Gardiens des écoles devraient se composer d'un certain nombre de ministres de la religion, d'un certain nombre de chefs de famille résidens, nommés par l'Inspecteur, et un nombre égal de chefs de famille nommés par le Conseil de Ville. Les argens que l'on percevrait en vertu des cotisations, pourraient être versés entre les mains du Trésorier de Ville. Comme il n'y a pas de Corporation dans la Ville des Trois Rivières, le Gouverneur pourrait nommer un Trésorier qui serait assujeti à tous les devoirs qui tiennent à une telle charge, et qui seraient à peu près les mêmes que ceux du Trésorier de District. Les Trésoriers de Cités et de Ville, devraient sans doute, recevoir un salaire additionnel, à raison de l'accroissement de leurs devoirs et de leur responsabilité.

128. Je vais maintenant offrir un coup d'œil étendu de toute l'organisation, et faire voir que ses diverses parties seront en toute probabilité, un contre-poids les unes aux autres, et serviront à assurer à toutes les classes de la société, sans aucune distinction quelconque, une administration honnête et avantageuse, dans tous les départemens du système.

LETTRE XXX.

129. Afin de comprendre clairement le principe, la partie et pratique de l'organisation du système, jetons un coup d'œil rapide sur ce qui est renfermé dans les quatre lettres précédentes.

130. La Province (†) doit être divisée en arrondissemens d'écoles de 300 chefs de famille ou habitans tenant feu et lieu ; le territoire doit aussi être pris en considération, afin de centraliser les chefs lieux, de manière à rendre le tout plus commode et avantageux pour les parens et les enfans.

Ces divisions doivent être faites par une commission dont la jurisdiction et les pouvoirs cesseront, du moment qu'elle aura complété et fait son Rapport.

Sur la représentation des Gardiens des écoles aux Inspecteurs, et par ces fonctionnaires au Surintendant, de nouvelles divisions seront faites, la population surnuméraire devant dans l'*interim*, faire partie des arrondissemens d'écoles voisins.

Dans chaque arrondissement d'écoles, l'on élira trois Cotiseurs.

Dans chaque arrondissement d'écoles, l'on élira un Collecteur qui sera tenu de donner bonne et suffisante caution &c.

Les argens perçus par les Collecteurs en vertu des cotisations que feront les Cotiseurs, seront versés entre les mains du Trésorier du District, qui sera nommé par le Gouverneur, d'après les dispositions de telles lois qui existent ou seront passées, pour l'établissement de Conseils de Districts, ce Trésorier devant donner bonne et suffisante caution etc.

Il y aura dans chaque arrondissement des Gardiens des écoles, qui seront revêtus des droits et des pouvoirs qu'auraient des Commissaires, des Syndics et des Visiteurs d'écoles ; ce seront les ministres de la religion résidens dans chaque arrondissement, deux chefs de famille ou habitans tenant feu et lieu y résident, nommés par l'Inspecteur, et deux par le Conseil du District, annuellement.

La Province doit être divisée en cinq divisions d'inspection, chaque Inspecteur devant être nommé par le Gouverneur, durant bonne conduite.

A la tête de tout le système, sera placé un Surintendant appelé Surintendant des écoles élémentaires, qui sera aussi nommé par le Gouverneur, durant bonne conduite,

Le Surintendant et les Inspecteurs seront tenus, sous peine de renvoi, de s'abstenir de se mêler de politique ; ils seront de même, tenus de décourager toutes distinctions nationales et principes de sectes, ainsi que toute discussions et notions de ce genre, qui se manifesteraient ouvertement.

(†) Le mot "Province" est employé pour designer la ci-devant Province du Bas Canada.

Pour empêcher que le Gouvernement ou le peuple ne se mêlent mal à propos, des devoirs du Surintendant et des Inspecteurs, et n'influent sur eux indirectement, ces fonctionnaires ne pourront être déplacés, qu'après avoir été traduits et convaincus devant un tribunal qui consistera de sept membres, deux nommés par le Conseil Législatif, trois par la Chambre d'Assemblée, et les Orateurs de l'une et de l'autre branche de la Législature, qui seront *ex officio* membres de ce tribunal.

Il faudra, pour les trois grandes villes, quelqués modifications légères et peu importantes, comme il a été observé au No. 119.

131. Dans ma prochaine lettre, je ferai voir, que de l'organisation précédente, il résultera une combinaison telle, qu'elle assurera un équilibre parfait.

LETTRE XXXI.

132. Dans ma 15me lettre, je crois avoir fait voir satisfactoirement, qu'on ne doit laisser ni au Clergé, ni au Gouvernement, ni au peuple, la direction et la responsabilité exclusives du système des écoles, mais qu'ils doivent tous être appelés à les partager.

133. L'organisation que j'ai suggérée, est combinée de telle sorte, que l'on atteindra ce but.

Le peuple seul élira les Cotiseurs et les Collecteurs, et au moyen des nominations que feront les Conseils de District, il s'assurera dans chaque arrondissement, deux Gardiens des écoles, dont les droits, les devoirs et les pouvoirs sont très étendus et très importans. Les Trésoriers et le Surintendant sont nommés par le Gouverneur, mais ils sont responsables à la Législature, puisque le Gouverneur et le Surintendant auxquels les Trésoriers seront tenus de faire rapport de toute la dépense des écoles, devront soumettre ces Rapports à la Législature.

Le Clergé aura une part bien importante dans la responsabilité et la direction du système d'éducation, puisque de droit et par privilège, tous les ministres de la religion, résidant dans chaque arrondissement, et un certain nombre dans les grandes villes, seront *ex officio*, Gardiens des écoles, dont les devoirs et les droits embrasseront tous ceux que possèdent ordinairement, les Commissaires, les Syndics et les Visiteurs d'écoles.

Le Gouvernement nommera les Trésoriers de District, les Inspecteurs et les Surintendant.

Ici même, le public a une garantie que ces officiers s'acquitteront de leurs devoirs, avec impartialité. Les comptes des Trésoriers, devront être mis devant la Législature. Le Surintendant et les Inspecteurs sont nommés durant bonne conduite, et ne peuvent être déplacés que par le jugement d'un tribunal dont la composition est telle, qu'elle en éloigne jusqu'à l'ombre du soupçon.

Il est donc évident que les diverses parties de cette organisation, seront en toute probabilité, un contrepoids les unes aux autres.

134. Pour avoir formé un semblable plan, je ne prétends pas à une originalité exclusive. J'ai consulté différens systèmes, j'ai retranché, ajouté et combiné, et j'ose me flatter qu'en y réfléchissant, l'on s'apercevra que celui que je soumets, convient aux circonstances, et répond aux besoins du pays, et garantie à toutes les classes sans distinction, leurs droits et leurs privilèges.

LETTRE XXXII.

135. Dans le principe, le fonctionnement de la loi des écoles, ne sera peut-être pas entièrement dégagé de difficultés. Si pourtant l'on jugeait à propos de nommer une commission, ce ne devrait être, que pour diviser la Province, en arrondissemens d'écoles. Le contrepoids que produiront les diverses parties de l'organisation des écoles, qui ont été énumérées, contribuera puissamment, en toute probabilité, à faire fonctionner le système, en le rendant populaire. Des Commissaires nommés par la Couronne, n'offriraient aucunes des garanties auxquelles le Clergé et le peuple ont droit, et que donneraient le Surintendant et les Inspecteurs qui dirigeraient, et seraient appuyés par la co-opération simultanée et énergique des autres départemens.

136. Aussitôt donc que les divisions des arrondissemens auront été faites, que le Surintendant et les Inspecteurs soient nommés, et que toutes les élections et autres nominations aient lieu. Je suppose que les municipalités et la loi qui règle l'élection et la nomination des Officiers de Paroisses, seront alors en opération. Dans le principe, il y aura moins à faire que lorsque le tout marchera régulièrement, mais ce n'est pas là une raison de ne pas adopter de suite, le meilleur mode d'effectuer ce qu'il faut faire.

137. Il est assurément heureux sous un rapport, qu'il n'y ait actuellement, aucun système en opération. Point de réclamations antérieurs, point de droits acquis, nuls plans à exécuter, et nuls intérêts contraires pour arrêter la marche d'aucune organisation qu'il serait nécessaire de greffer sur celle qui serait alors en existence.

138. Qu'il me soit permis d'observer, qu'il sera de notre devoir à tous, de co-opérer autant que nous le pourrons, au fonctionnement du système d'éducation qui sera sanctionné par la Législature. Il sera peut-être défectueux sous quelques rapports, mais si dans son ensemble, il est tel, qu'il jete les fondemens d'un édifice solide qu'on pourra perfectionner avec le tems, ou au moins beaucoup améliorer, nous ne pouvons assurément exiger d'avantage.

139. Que ceux qui désirent voir leurs semblables s'instruire et s'élever à proportion de l'éducation qu'il est question de leur procurer, donnent à ce sujet, leur attention la plus sérieuse. Leurs observations et leurs suggestions seront comme de raison, bien venues. Qu'ils indiquent ce qu'il y a d'éronné dans le présent système, et ce qu'on trouvera d'incorrect dans ce qui reste à dire, sans perdre de vue, pourtant que c'est l'ensemble, plutôt que l'examen minutieux de chaque partie séparément et sans aucun rapport avec les autres, qu'il faut envisager, afin de pouvoir mieux calculer quels en seront les effets.

LETTRE XXXIII.

140. Le vice le plus frappant qui marquera pendant quelque tems, notre système d'éducation élémentaire, sera le défaut qui a fait gémir si longtems les écoles en Prusse, le manque de maîtres compétens et qualifiés, mal qu'il est important de faire disparaître, par le moyen d'un procédé actif, mais sûr.

141. En Prusse, comme aux Etats-Unis où l'on a profité de l'expérience de ce pays, l'on a eu recours avec succès, aux écoles normales, et je ne doute pas que nous puissions en faire autant, si nous prenons la bonne voie.

142. L'on n'a jamais fait de progrès important sous quelque système d'éducation que ce soit, "tant que l'ancienne méthode de remplir l'esprit de faits, n'a pas été remplacée par celle qui consiste à découvrir d'abord les facultés intellectuelles et les lois de leur développement, et à y adopter des sujets convenables d'instruction, ainsi que les méthodes par lesquelles on la communique le plus avantageusement."

143. La vérité de l'observation précédente qui a été faite par un homme de talent et de grandes connaissances pratiques, est si frappante, que toute personne réfléchissante s'appercevra de suite, que notre système d'écoles normales et autres, doit nécessairement être bâsé sur le même principe, autrement nous n'atteindrons jamais le but que nous nous proposons, le bien-être de nos semblables, et leur éducation morale et intellectuelle.

144. Quoique je me propose de m'étendre par la suite, plus au long que je ne le puis faire maintenant, sur le cours d'instruction qui seul nous menera où nous tendons, je ne puis me refuser à m'étayer d'une autre remarque que je dois à un homme très intelligent. "On ne doit regarder maintenant comme complet, aucun système d'éducation qui n'a pas pour objet de dévéloper entièrement les facultés intellectuelles, règler et diriger systématiquement les sentimens moraux, et préparer l'écolier à l'état social et politique auquel il pourra être appelé dans l'âge viril."

145. Des principes et observations qui précèdent, il s'ensuit qu'il doit y avoir une bâse fixe et uniforme d'éducation élémentaire.   Le seul moyen d'y arriver, c'est d'établir des écoles normales et modèles, où l'on puisse donner aux maîtres destinés pour les écoles élémentaires, une éducation saine et uniforme.

Dans ma prochaine, je suggèrerai ce que je regarde comme le moyen de parvenir à cette fin désirable..

LETTRE XXXIV.

146. Ayant fait voir que dès le principe, l'on devrait mettre sur pied les écoles normales et modèles, j'en viens maintenant à l'organisation de ces institutions indispensables.

147. Si jamais l'Ordonnance de Judicature est mise à effet, il y aura quatre grands Districts ou divisions territoriales.   Dans ce cas là, je pense qu'il devrait y avoir une école normale pour chaque District, et quelle devrait être placée au chef-lieu de chacun de ces Districts.   Soit que l'on continue le système judiciaire actuel, ou que l'on en adopte et mette à exécution un autre, il devrait y avoir, à mon avis, une école normale pour chacune des grandes divisions du pays, et elle devrait être placée au chef-lieu de chacune de ces grandes divisions. Il n'est pas nécessaire de s'occuper actuellement du genre d'études que l'on suivra dans les écoles normales, il est tout probable que je le ferai par la suite ; qu'il me suffise pour le présent, de rappeler au lecteur, que le cours d'études que l'on suivra, sera sous le contrôle exclusif du Surintendant.

148. J'approuve beaucoup la suggestion qui a déjà été faite, d'attacher à chaque école normale, une ferme où l'on pourra enseigner la théorie et la pratique de l'agriculture.

149. L'on ne devrait, sous aucun rapport, négliger l'éducation des femmes ; elle est digne de la considération la plus sérieuse de la Législature, ainsi que de celle des membres de la société, dont les efforts individuels peuvent contribuer à son avancement.   Les femmes exercent ou devraient exercer une influence considérable sur la société ; c'est à elles qu'est dû principalement le succès ou la défaut de succès de la première éducation des enfans, le progrès aussi bien que la perfection de cette éducation, dependant essentiellement et résultant des premières impressions qu'ils reçoivent.

150. Je ne m'étendrai pas, pour le présent, sur ce sujet de première importance ; un coup d'œil rapide suffira pour faire apercevoir la nécessité de faire participer l'autre sexe, à tous les avantages des écoles normales et modèles, aussi bien que des écoles élémentaires

151. Il me parait parconséquent, que la Lég'slature devrait tirer du fond permanent d'éducation, les moyens de pourvoir au maintien d'un école normale, dans chaque grand district, non seulement pour les garçons, mais aussi pour les filles.

152. Il serait impossible, au moyen de quatre ou cinq écoles normales, de former un nombre suffisant d'instituteurs de l'un et de l'autre sexe ; il faut donc trouver quelque mode plus convenable, moins couteux et plus facile d'instruire les maîtres de l'un et de l'autre sexe, et de donner une meilleure éducation à ceux qui désireront se la procurer.

153. Pour établir de telles écoles, il faudra des maîtres ; il y aura pourtant moins de difficulté à se procurer le nombre de maîtres requis, que pour les écoles élémentaires. Lorsque l'on aura les précepteurs ou maîtres, l'opération générale des écoles modèles, deviendra toute facile.

154. Qu'il y ait dans chaque comté, une école modèle, tant pour les garçons que pour les filles. L'on ne devrait y admettre, que les garçons et les filles qui seraient munis d'un certificat de capacité, de bonne conduite et de principes religieux, qu'il leur faudrait obtenir des maîtres ou maîtresses, d'écoles élémentaires, et des Gardiens d'écoles, dans l'arrondissement où ces garçons et filles auraient reçu leur éducation élémentaire.

155. Afin d'exciter l'émulation, et assurer le progrès de l'instruction, je pense que l'on devrait établir la règle, que tous les ans, le garçon et la fille les plus avancés de chaque école d'arrondissemens, auraient de droit, le privilège d'être admis à l'école modèle du comté. Au moyen de cet arrangement, il y aurait toujours dans chaque école modèle de Comté, autant de garçons et de filles, que d'écoles élémentaires dans ce Comté. L'on pourrait dans la loi des écoles, statuer que dans le principe, six garçons seraient admis à l'école modèle des garçons, et le même nombre de filles à l'école modèle pour les filles. Il est tout clair que lorsque le système serait en opération régulière, le nombre des écoliers ne devrait pas être limité.

156. Afin de s'assurer des maîtres, il serait bon d'allouer à chaque garçon et chaque fille étudiant dans une école modèle, deux louis par an, à la condition de devenir maître ou maîtresse à l'expiration du tems nécessaire à leur instruction, leur imposant en même tems, l'obligation de donner caution pour le remboursement de ce montant, dans le cas ou cette condition ne serait pas remplie. Cet appointement tout modique qu'il fût, outre qu'il servirait à encourager la jeunesse, aiderait les enfans à faire face aux dépenses additionnelles inséparables de leur éloignement du toit paternel.

157. A chaque vacance dans l'école modèle d'un Comté, un maître ou maîtresse d'école élémentaire devrait avoir le privilège d'être promu, et devenir instituteur ou institutrice dans l'école modèle, pourvû qu'il ou qu'elle fut choi-

sie par l'Ispecteur du District, sur un certain nombre consistant d'un garçon et d'une fille de chaque école d'arrondissement, recommandés par les Gardiens d'écoles de chaque arrondissement dans le Comté, ou par la majorité d'entre eux, comme capable, de bonne conduite et de principes religieux.

158. Les écoles modèles, pour tout ce qui a rapport à l'examen, la visite et le renvoi des maîtres et maîtresses, devraient être sous le contrôle immédiat d'un certain nombre de Gardiens des écoles, et de l'Inspecteur du District, de la manière suivante.

159. Comme il est impossible de soumettre une école modèle au contrôle immédiat, prompt et efficace de tous les Gardiens des écoles dans le Comté, les Gardiens des écoles dans chaque arrondissement, pourraient faire choix de l'un d'entre eux, et de ceux qui seraient ainsi choisis, l'on pourrait former un bureau pour les fins sus-mentionnées. Toute malversation dont se rendraient coupables les maîtres ou maîtresses, ou toute plainte qui serait faite contre eux, serait de suite examinées, et rapport en serait fait aussitôt à l'Inspecteur qui congédierait le maître ou la maîtresse, et en nommerait un autre du nombre de ceux qui auraient été recommandés suivant qu'il est pourvû au No. 157.

160. Quelque disposition législative que l'on obtienne à cette égard, elle devrait être bien précise et exacte.

LETTRE XXXV.

161. Il a déjà été suggéré, très à propos suivant moi, que les maîtres des écoles élémentaires, devraient être tenus, durant les vacances, de fréquenter l'école modèle de leur Comté, pour se perfectionner, et se mettre en état de remplir leurs devoirs.

162. Outre cet avantage, il en résulterait un autre, je veux dire l'uniformité dans l'enseignement, ou au moins dans ses parties principales.

163. Il est évident que les maîtres et les maîtresses des écoles élémentaires apprendraient en un moindre espace de tems, aux écoles modèles, que ne le feraient des garçons et des filles qu'on y enverrait, pour qu'on leur apprît l'art d'enseigner ; et s'ils mettaient tant soit peu à profit, le tems qu'ils passeraient aux écoles modèles, eux-mêmes et les écoliers en retireraient de grands avantages.

164. J'ai, (au No. 155,) suggéré que tous les ans, le garçon et la fille les plus avancés dans chaque école d'arrondissement, eûssent de droit, le privilège d'être admis à l'école modèle du comté. Il est clair qu'il ne faut pas s'arrêter là. Ces garçons et ces filles s'ils étaient à la tête de l'école modèle, ou tels

autres qui le seraient, devraient, sur l'ordre du Bureau de Gardiens des écoles
pourvu au No. 159, être envoyés à l'école normale du District, à leurs propres
frais, ou à même le fond pour les indigens, dans le cas ou le Bureau les recom-
manderait, suivant qu'il est spécifié à l'aperçu mentionné dans la lettre suivante
et que l'on trouvera dans l'Appendice.

165. Les écoles normales donneraient, à n'en pas douter, un ton décidemment
élevé au mode d'enseignement. La jeunesse de l'un et de l'autre sexe, y ac-
quièrerait plus de connaissances que dans les écoles modèles, et se qualifierait
ainsi pour enseigner dans les écoles modèles auxquelles elle imprimerait un caractère de vigueur et d'élévation, ou elle se qualifierait pour enseigner dans une
plus haute sphère d'éducation, si comme il est naturel de s'y attendre, l'on pourvoit par la suite, à l'établissement d'écoles supérieures.

166. Ayant pour principe de borner l'opération du présent système, à l'Education Elémentaire et Pratique, je ne dois pas m'écarter de ma route, et m'arrêter à calculer les effets probables ou même possibles qu'un esprit éclairé sera,
de suite, porté à attribuer à la direction judicieuse des écoles normales, quant à
ce qui n'a pas un rapport exclusif au fonctionnement de ce système. En Prusse,
l'on n'a fait de progrès sensibles, qu'après l'établissement de séminaires pour
l'instruction des maîtres, et la formation d'une classe nouvelle de précepteurs ;
c'est là une considération d'une assez grande importance, pour dissiper tout
doute quant à la convenance d'adopter en Canada, un mode de perfectionnement
qui a réussi à un aussi haut dégré en Prusse.

167. Je ne crois pas devoir appuyer sur les connaissances que l'on s'attendra
à rencontrer chez les Professeurs de l'un et de l'autre sexe, dans les écoles normales. Le Surintendant sous la surveillance immédiate et le contrôle exclusif
duquel, ces écoles devront être placées, sera trop intéressé à faire bien fonctionner tout le système, pour ne pas choisir judicieusement les Professeurs, et
veiller soigneusement sur eux, ainsi que sur tous les départemens de ces écoles.

168. Les qualifications des étudians dans les écoles normales, à devenir instituteurs, et l'époque à la quelle ils devront laisser l'école, pourraient être déterminées. 1. Par le certificat du Professeur de l'école normale, après un examen
régulier, strict et impartial. 2. Par le renvoi à l'Inspecteur du District. 3.
Par la décision finale et sans appel du Surintendant.

169. Il n'est pas nécessaire de remarquer que tout autre mode pratique plus
propre à conduire à ce but, devrait être préféré.

LETTRE XXXVI.

170. Avant de terminer la présente série de Lettres, je mettrai sous les yeux du public, un aperçu de ce que je regarde comme l'échelle d'après laquelle devrait être réglée la dépense du système entier.

171. Il eût été plus régulier peut-être, de le faire, sous la division ou chef qui a rapport particulièrement au "mode de former le fond pour l'éducation ou les écoles primaires, (*education or common school fund*) et tout ce qui entre dans le département des finances," mais outre que cet aperçu eut été prématuré, précédant au lieu de venir après le dévelopement complet du système, et l'énumération des divers départemens nécessaires pour le faire fonctionner efficacement, je pense qu'il aurait été difficile, si non impossible, de comprendre ce qui maintenant s'apercevra de suite.

172. Il est d'une importance vitale pour le pays, que tous ceux qui prendront quelque part à l'administration des différens départemens du système, soient d'un caractère respectable, et compétens à remplir leurs devoirs ; on devrait en outre, les mettre dans une situation qui offrît au public, des garanties pour la continuation de leur conduite intègre, et pour l'acquittement efficace de tous leurs devoirs. Je n'ai aucun doute que le moyen le plus sûr ne soit une attention exclusive à leur état, et l'éloignement entier de la tentation, ou au moins l'impossibilité de céder à la tentation de se mêler de choses étrangères à l'éducation. L'on trouvera à la Lettre IX, des observations tout à fait applicables à ceci.

173. Il s'ensuit par conséquent, que tous les instituteurs de l'un et de l'autre sexe, devraient être rénumérés convenablement. Rendez l'état respectable aux yeux du public, vous aurez alors pour maîtres, des hommes respectables ; l'éducation acquiérera un caractère d'élévation qui sera proportionné à celui des individus qui seront appelés à prendre part au fonctionnement du système, et au lieu d'avoir des maîtres ignorans et immoraux, et conséquemment des écoliers ignorans et immoraux, nous verrons avant qu'il soit longtems, en opération, un bon système d'éducation dont l'administration honnête et énergique donnera une vie nouvelle à la société, et assurera la prospérité du pays.

174. Il ne peut y avoir d'état plus honorable et plus utile que celui d'un instituteur qualifié ; on devrait le regarder comme le Gardien de la jeunesse, et l'honorer partout où on le rencontre. Ses efforts pour l'avancement intellectuel et moral de la jeunesse, sont au-dessus de tout éloge ; l'influence qu'ils sont destinés à exercer sur toute la société, et sur les destinées d'une nation, est sans bornes.

175. Si tel est le cas, et il en est peu qui en puissent douter, la Législature devrait pourvoir convenablement aux moyens d'amener des résultats aussi dési-

rables et aussi importans. Mieux vaut laisser la jeunesse dans l'ignorance, que de livrer leurs cœurs, leurs esprits, leur tout pour ainsi dire, à des mains inhabiles et dangéreuses.

176. Les départemens élevés du système d'éducation, ne devront être confiés qu'à des hommes expérimentés et respectables, des hommes qui par un sentiment de devoir envers leurs semblables,et animés du désir de se rendre *vraiment* utiles à la société, consacreront tout leur tems, et mettront toute leur énergie à l'avancement de cet objet ; des hommes qui ne devront pas s'attendre qu'il leur sera permis de demeurer témoins oisifs, contemplateurs indolens des heureux résultats de plans conçus par le génie des uns, et mis à exécution par la philantropie énergique des autres,mais qui devront prendre leur parti,et se résigner entièrement à l'accomplissement honnête et laborieux de leurs devoirs,consacrer leur vie entière à améliorer le système. et le rendre par là, ce qu'il est destiné à devenir, le moyen de régénérer le pays, et d'assurer le bonheur de tous ses habitans, sans distinction.

177. Si l'on ne perd pas de vue, les considérations importantes qui précèdent, il me semble qu'il ne peut guère y avoir diversité d'opinion, sur la convenance des suggestions que renferme l'aperçu que je donnerai à la suite de ces lettres, et que l'on trouvera dans l'Appendice, de la dépense résultant et inséparable du fonctionnement du système.

LETTRE XXXVII.

La dernière division du sujet est,

LA DISCIPLINE ET LA DIRECTION INTERIEURE DES ECOLES.

178. Quoique le cours des études, les livres dont on fera usage, et la direction de la discipline des écoles, doivent, suivant moi, être placés sous le contrôle exclusif du Surintendant, comme je l'ai suggéré au No. 116, il est néanmoins convenable et important, que l'on instruise le public de ce à quoi, je pense qu'il a droit de s'attendre.

179. Si l'on à égard aux suggestions que j'ai faites touchant les qualifications que devra posséder le Surintendant, et le choix judicieux d'hommes propres à mettre à exécution le système, de manière à le rendre avantageux au pays, il n'y aura aucun danger, pas même d'inconvénient, à confier au Surintendant, une charge aussi importante. Nommé durant bonne conduite, également affranchi

de l'influence indue que pourraient tenter d'exercer sur lui, le Gouvernement et le peuple, il sera en état d'aller droit son chemin, rendant égale justice à tous, sans se laisser égarer, soit par les menaces du pouvoir, ou par la clameur de démagogues toujours prêts à critiquer, sans avoir le talent de proposer de meilleurs plans, non plus que le courage moral de les mettre à exécution.

180. Divisez l'action d'un département supérieur, et vous l'affaiblissez nécessairement, l'effet en est comme de raison, proportionné, et l'administration entière au lieu d'être énergique et prompte, devient débile et lente, mal contre lequel il faut pardessus tout se prémunir, si l'on veut faire fonctionner un système d'éducation.

181. Il me semble en avoir dit assez ici, ainsi que dans les lettres précédentes, pour faire voir combien il est important de mettre à la disposition du Surintendant, des moyens étendus d'agir avec décision, impartialité et jugement ; néanmoins, je suis d'avis que le public à tout à gagner, par un exposé honnête et sans prévention, qui lui sera fait de tout ce que l'on peut regarder cemme les principes fondamentaux de la discipline et de la direction intérieures des écoles.

182. Les suggestions que je me propose de faire, ne tendent aucunement à soumettre à une règle fixe, la conduite d'un departement que je crois devoir être assujéti au contrôle exclusif du Surintendant ; elles ne sont lancées que dans la vue d'exciter l'intérêt du public, pour un object qui est d'une importance majeure.

Le public s'occupera tout naturellement de ce sujet, il le discutera, et il en résultera une manifestation d'opinions propres à aider, sinon diriger, la marche que se déterminera à suivre, le Surintendant, l'orsqu'il sera appelé à agir.

183. Ce que j'ai à dire sous la présente division, est essentiellement pratique ; il est donc à présumer que la direction des écoles, étant à la portée d'un plus grand nombre de personnes, que ce qui a fait le sujet des lettres précédentes, donnera lieu à des observations et à des suggestions de la part d'individus qui peuvent se regarder, ou avoir raison de se considérer cemme compétens à les faire.

LETTRE XXXVIII.

184. J'ai déjà remarqué que le succès du fonctionnement du système, dépendra principalement de l'intégrité, du zèle et de la capacité du chef de tous les départemens, je veux dire, du Surintendant des écoles élémentaires. Je dis principalement et non pas uniquement, car les qualifications qui sont indispensables pour communiquer convenablement l'instruction aux enfans, devront se rencontrer chez tous ceux qui seront appelés à mettre à exécution le présent, ou tout autre plan d'éducation.

185. En nous rappelant toujours cette vérité pratique, il nous sera plus facile de saisir la suite et l'ensemble des suggestions que je ferai, touchant la discipline et la direction intérieures des écoles, la dernière, mais non la moins importante partie du sujet dont j'ai depuis quelque tems, occupé le public.

186. Parmi les objets touchant les écoles élémentaires, qui sont dignes de l'attention de la société, il en est un qui tient le premier rang, c'est de rendre les maisons d'écoles commodes et confortables. Le site d'une maison d'école est généralement la dernière chose dont on s'occupe, et la plus souvent la plus négligée. Par suite d'une économie bien déplacée, la situation la plus inconvenable est préférée à un site qui réunirait l'agrément et la gaité à la salubrité. L'on aura bien soin de chercher un lieu ou l'on puisse avantageusement placer une étable ou quelque autre bâtisse, mais l'on agit comme si l'on ne s'occupait aucunement de l'aise de ses enfans dont le sort est de demeurer, étudier et suivre leurs cours, durant au moins six heures par jour, dans la maison d'école.

187. Combien de fois, ne sommes-nous pas témoins de l'indifférence, de la coupable indifférence des parens sur ce point! Les animaux sont mis avec soin, à l'abri des intempéries de la saison, et l'on place la maison d'école sur le sommet d'une colline où le vent et le froid de l'hiver, sont également funestes aux enfans, ou dans une plaine sabloneuse où ils sont brûlés par l'extrême ardeur du soleil.

188. Ce sujet est d'une telle importance, qu'il n'est pas du tout nécessaire que je m'excuse en donnant des extraits copieux du Rapport de Mr. Mann sur les maisons d'écoles. Faisant allusion aux intérêts opposés de différentes parties de l'arrondissement d'écoles, qui sont en jeu, lorsqu'il s'agit de faire choix d'un site pour y bâtir une maison d'école, il observe ce qui suit :

"L'on a souvent fait un reproche aux habitans de notre Etat, qu'ils insistent à placer la maison d'école au centre géographique de l'arrondissement. En effet toutes choses égales d'ailleurs, elle devrait assurément se trouver au centre. Mais l'on bâtit une maison d'école pour les enfans, et non pour les acres de terre ; et l'inconvénient d'aller à cinquante ou même quatre-vingt perches plus loin, ne doit pas être mis en parallèle avec l'avantage de passer toute une journée dans un local salubre, commode et agréable, et propre à produire des influences salutaires sur le caractère et le tempéramment. Placez une maison d'école dans un endroit froid et sans abri, dès lors vous augmentez considérablement la difficulté de tenir la chaleur à un dégré convenable ; mettez la dans une plaine sabloneuse où il n'y a ni ombre ni abri contre les ardeurs du soleil, et toute l'école est assujétie aux maux que produisent la chaleur et la poussière ; érigez la dans des terres basses et marécageuses, de suite vous exposez les enfans aux rhumes et à des maladies de poumons incurables, et vous détruisez les habitudes de propreté et sur la personne et dans les habits ; qu'un côté de la maison d'école soit la limite du grand chemin, les enfans, lorsqu'ils en sortiront, seront en danger, et leur attention durant l'école, sera distraite de leurs livres, par chaque passant ; qne la maison d'école se trouve sur un petit compot de terre environné en tous sens, de chemins sans une seule partie retirée de la voie publique, et la modestie naturelle dégénérera en défaut de convenance, et ce qui n'aura été qu'un défaut de décence auquel l'on aura forcément habitué les petits garçons et les petites filles, deviendra turpitude phisiqae et morale chez eux, lorsqu'ils seront hommes et femmes. Si au contraire, vous érigez la maison d'école sur une colline abri- tée ou boisée où la rigueur de l'hiver est tempérée, où un bocage avoisinant modère la chaleur de l'été, et parsemée de sentiers ombragés et frais ; si vous l'éloignez du grand chemin, ainsi que d'édifices où l'on exerce des métiers bruy- ans ; et surtout, si l'on n'y entend ni bruit ni paroles qui distinguent des autres lieux, les maisons de licence et de dissipation, et dès lors vous verrez se dévelo- per et s'accroître le sentiment du beau, la pureté de l'âme, et la conscience de ce qui est décent et convenable, et les chances d'un caractère élevé et d'une bonne conduite, augmenteront considérablement. L'on se forme plus facilement et l'on affectionne d'avantage, des habitudes d'ordre et de convenance mentales que l'on a contractées au milieu de ce qui respire extérieurement l'ordre et la convenance, C'est un trait bien beau chez les enfans, qu'ils se délectent davan- tage aux jeux les plus simples. Leurs désirs ne mettent pas à contribution le luxe que procure le commerce, ils n'épuisent pas non plus les richesses pour en obtenir les parures. Les plaisirs que l'on emprunte à la lumière riante, à l'air vivifiant, aux fleurs des champs, au ruisseau limpide, ou au chant ravissant des oiseaux, suffisent à la jeunesse douce et pensive ; tandisque les plus pétulens et les plus bouillans, ne demandent que l'occasion de déployer l'activité surabon- dante de leurs bras et de leurs jambes. Combien peu il en coûte pour se procu- rer les sources de ces jouissances ! Quelquefois un peu d'esprit de conciliation, tantôt un oubli de quelque petite difficulté entre les parens sur d'autres sujets, procureraient aux enfans, le double bienfait de l'utilité et des jouissances. Ce- pendant, combien de fois ne voit on pas des enfans innocens sacrifiés aux querelles de leurs parens ?"

Dans ma prochaine, j'ajouterai quelques observations à ces extraits.

LETTRE XXXIX.

189. L'exposition tant soit peu longue. mais utile, de. l'importance de bien placer les maisons d'écoles, que renferment les extraits du rapport de Mr. Mann,, donnés dans la lettre précédente, est assurément bien frappante. On ne devrait jamais la perdre de vue, elle devrait être la règle de tout membre de la société, appelé a faire ou conseiller.quelque chose concernant là construction des maisons d'écoles..

190. La manière de bâtir la maison d'école, est également importante; L'intérieur en devrait être ordonné de manière à faciliter les opérations de l'école, et mettre le maître en état de voir tout ce qui s'y passe. Elle devrait être spacieuse, autrement le danger causé par le mauvais air, peut devenir bien grand. Elle devrait être bien aérée; bien chauffée, et là manière d'y introduire la lumière devrait être telle, que jamais là vue dés eufans n'en pût être affectée. On ne devrait jamais permettre aux enfans de lire lorsque le soleil luit sur leurs livres ; ils ne devraient jamais tourner le dos à la. fenêtre, lorsqu'ils écrivent, obstruant par là, le peu de lumière qui leur en vient; surtout lorsque le tems est sombre ; ils devraient toujours lire dans une position droite et non inclinée, leurs sièges devraient avoir des dossiers ou appuis; "Les maisons d'écoles devraient être disposées," dit le savant; humain et expérimenté Dr. Howe de Boston, "de manière à donner une direction convenable à la lumière, empêchant qu'elle n'éblouisse la vue, mais la fesant porter sur les livres. Il devrait y avoir.des moyens de faciliter l'introduction de beaucoup de lumière lorsque le tems est obscur, et pour en exclure une partie, lorsque le soleil luit dans tout son éclat."

191. Il est à peine nécessaire de remarquer, que l'on devrait ériger sur le lot, des bâtisses convenables, suivant le besoin.

192. Les suggestions qui précèdent, paraitront peut-être, aux yeux de quelques personnes, ou trop officieuses ou inutiles ; je ne crois pourtant pas qu'elles soient telles ; car l'expérience a démontré que par le passé, l'on a eu si peu d'égard aux importantes considérations qui se rattachent à ces suggestions, ainsi qu'aux suites funestes qu'en a produites la négligence, tant par rapport aux enfans, qu'au caractère des écoles en général, que je n'hésite pas à dire, qu'il sera du devoir de tous ceux qui auront quelque part à la partie pratique du système, de s'enquérir avec soin et de réfléchir mûrement, avant de se décider sur le site, la construction et. la disposition des maisons d'écoles, et de se conformer aux avis salutaires qui précèdent, ou d'en chercher. et suivre de meilleurs, s'ils en peuvent trouver.

193. Ayant disposé des préliminaires qui, strictement parlant, ressortent plutôt des attributions des Gardiens des écoles, mais qu'il eût été criminel de passer ici, sous silence, je tâcherai maintenant d'envisager d'une manière pratique, la marche que devra se tracer le Surintendant.

F

LETTRE XL.

195. Dans mes 11ème, 12ème, 13ème et 14ème Lettres, j'ai parlé des maux que feront nécessairement naître les controverses religieuses, si elles s'introduisent dans les écoles ; au lieu de fonctionner harmonieusement, le présent ou tout autre système d'éducation que l'on proposera pour le pays, faillira inévitablement, si l'on néglige les suggestions que j'ai faites. Je crois sincèrement que ce que j'ai suggéré, suffit pour assurer à toutes les classes et nuances de dénominations religieuses, une pleine et entière garantie que leurs droits et privilèges seront en parfaite sûreté, et que sous aucun rapport, le dogme ne recevra la moindre atteinte.

196. On ne doit pourtant pas conclure de ce qui vient d'être dit, qu'il ne faut donner aucune éducation religieuse, et que l'on doit réunir et tenir ensemble les enfans dans les écoles, à leur enseigner des choses humaines, sans aucunement s'occuper de cultiver leurs cœurs, et sans diriger leurs âmes dans la voie de la religion et de la morale : à Dieu ne plaise qu'une doctrine aussi monstrueuse soit prêchée ici, ou dans aucun autre pays.

197. La religion "dit un écrivain distingué" doit marcher en tête de toute éducation . . . . .elle est la base de toute vertu, le fondement de toute excellence dans le caractère, la seule fontaine intarissable de bonheur. . . . ."

198. Convaincu, comme je le suis, de l'importance de cette éducation religieuse, et de l'influence qu'elle doit exercer sur tout individu dans cette société, comme dans toute autre, et conséquemment de la nécessité de procurer à la jeunesse, l'avantage de la recevoir de bonne heure, j'ai été porté à suggérer, et je recommande maintenant plus fortement que jamais, la convenance de faire de l'Ancien et du Nouveau Testament, des extraits au moyen desquels, l'on pourrait communiquer l'instruction historique, religieuse et morale, sans introduire dans ce livre d'extraits, la moindre chose qui tînt du dogme.

199. Je me persuade que les ministres des différentes dénominations de chrétiens, ne peuvent pas raisonnablement s'opposer à un tel procédé, et qu'ils ne s'y opposeront pas ; en effet, il est également avantageux à tous, et n'est nuisible à personne, et c'est le moyen le plus puissant de réunir tous les esprits. Nous aurions par là, un livre facile à entendre, et qui, en toute probabilité, serait d'une utilité et d'un avantage infini pour les écoles, jeterait les fondemens d'une éducation religieuse et morale, sans aucunement porter atteinte au dogme, et servirait à effectuer ce que Notre Sauveur est venu établir sur la terre, la bonne volonté, la charité et l'amour entre tous les hommes.

200. Quant à la question de savoir si l'on devrait enseigner le catéchisme dans les écoles, je ne prétends pas prendre sur moi de la décider, mais je suis enclin à dire qu'il n'y a pas une nécessité absolue de le faire. J'ai déjà remarqué qu'une instruction aussi spéciale et importante, serait donnée avec beaucoup plus d'avantage par les Pasteurs à la tête des congrégations ou religions auxquelles les enfans appartiendraient ; attendû qu'il est de leur devoir de s'occuper de ces choses là, et assurément qu'ils sont plus en état de s'acquitter de ce devoir tout important, que ne le peuvent être des maîtres d'écoles.

201. Qu'il me soit permis de rappeler au lecteur, le No. 50, Lettre XIV ; j'y ai suggéré un moyen de parer à beaucoup de difficultés, dans le cas où il serait décidé que le catéchisme sera enseigné dans les écoles.

202. C'est aux Pasteurs et aux parens, qu'appartient principalement, le soin de l'instruction spirituelle et religieuse de la jeunesse, c'est à eûx d'y voir, ils y sont impérieusement tenus. L'éducation domestique est la plus efficace comme elle est la plus importante ; les enfans prêtent une oreille attentive aux avis de parens chéris, et généralement ils les suivent, si ces derniers joignent l'exemple aux préceptes.

203. Je termine ceci, en répétant ce que j'ai dit au No. 42, en parlant de l'instruction religieuse de la jeunesse : l'on doit diriger cette importante partie de l'éducation, de manière à faciliter, au lieu d'obstruer le progrès de l'instruction que doit recevoir *toute* la population du pays.

LETTRE XLI.

204. Regardant comme certain que l'on s'appliquera a répandre l'éducation religieuse, avec tout le soin, toute la prudence et toute la libéralité nécessaires pour en assurer le succès, j'en viens maintenant aux cours d'études qu'aura à prescrire le Surintendant, pour les écoles normales, modèles et élémentaires.

205. Et d'abord pour les écoles normales, le cours des études devrait embrasser la lecture d'après les principes les plus approuvés, l'écriture, la grammaire française et anglaise, avec des exercices à écrire et composer dans les deux langues, l'arithmétique, le mesurage et la tenue des livres, la géographie, et principalement celle du Nouveau Monde, dans tous ses rapports pratiques, l'usage des globes, les élémens de l'astronomié et de la navigation, les élémens de la géométrie pratique, l'art de d'écrire des cartes et des plans ; les élémens de la chimie appliquée aux arts et métiers ; les principes de l'agriculture, et de la culture des jardins, un cours abrégé de mécanique, l'histoire naturelle, l'histoire sacrée, l'histoire ancienne et l'histoire moderne, la philosophie morale, et la loi municipale du pays, en y ajoutant la couture, le tricottage, et toutes les branches utiles des ouvrages à l'aiguille, dans l'école normale pour les filles ; mais par-dessus tout,

des leçons théoriques et pratiques sur les meilleures méthodes de conduire les classes, diriger l'instruction, maintenir l'ordre et la discipline dans une école d'arrondissement, en un mot, la meilleure méthode d'enseigner.

206. La suggestion que j'ai faite au No. 156, touchant la convenance d'obliger les étudians des écoles modèles, de donner caution pour le remboursement de l'allouance dont il y est question, dans le cas où à l'expiration de leurs cours, ils n'embrasseraient pas l'état d'Instituteurs, ne devrait pas être mise en oubli, elle me parait également applicable ici.

207. La durée du cours d'études pour les écoles modèles, pourrait, suivant moi, être limitée à trois années; il est pourtant vrai de dire, que l'expérience sera le meilleur guide là dessus.

208. Il est évident que l'on devrait ici, avoir égard à toutes les observations, suggestions et récommandations que renferment les Lettres XXXVIII et XXXIX, touchant le choix du site, la construction etc. des maisons d'écoles, et tout ce qui y a rapport.

209. Comme la difficulté de bien conduire une école, provient du manque de connaissances du monde et des enfans, ainsi que du manque de connaissance et de savoir se conduire lui-même, chez le maître, le défaut de système dans la direction et les exercices de l'école, de manière à tenir tous les enfans utilement employés, et d'autres causes, il sera du devoir du Professeur de s'occuper particulièrement et diligemment de ces objets importans.

210. Dans les écoles modèles, les études pourraient être moins étendues, et bornées aux branches ordinaires d'une éducation française et anglaise, telles que d'épeler, lire et écrire, l'histoire sacrée, l'histoire ancienne et l'histoire moderne, la géographie dans tous ses rapports pratiques, et surtout celle de l'Amérique, l'arithmétique, le mesurage et la tenue des livres; en ajoutant pour les filles, la couture, le tricottage et tous ouvrages à l'aiguille qui peuvent être d'aucune utilité. Toutefois, je suis décidemment d'avis qu'aussitôt qu'il se pourra, le cours d'études dans les écoles modèles, devra être assimilé autant que possible, à celui des écoles normales. Mais ce qui demandera une attention toute particulière de la part des Instituteurs dans les écoles modèles, c'est la manière de conduire les classes, diriger l'instruction, et maintenir l'ordre et l'autorité dans les écoles d'arrondissemens. Ce que j'ai dit au Nos. 208 et 209, est également applicable aux écoles modèles.

211. Il est difficile quant à présent, de déterminer la durée du cours dans les écoles modèles; il est probable que deux années suffiraient. Au reste, lorsque le système sera mis en opération, l'on pourra bientôt, au moyen d'un peu d'expérience, prescrire qu'elle devra être la durée des études; l'on pourra d'ailleurs, au besoin, puiser beaucoup de renseignemens dans les retours et Rapports des Bureaux des Gardiens des écoles, pourvus au No. 159.

212. J'en viens maintenant aux écoles élémentaires. Le cours d'études n'y doit pas être celui des écoles modèles, et encore moins celui des écoles normales, principalement lorsque le système ne fera que commencer à opérer. Qu'on se rappèle néanmoins, qu'il faut donner à *tout* le peuple, une éducation pratique, et lui communiquer les connaissances qu'il pourra mettre à profit pour lui-même, et dans l'intérêt de toute la société. Je suis donc d'avis qu'il suffirait d'enseigner à lire et à écrire, la grammaire, l'arithmétique, la géographie, l'histoire sacrée, au moyen du livre d'extraits que j'ai recommandé de faire de l'Ancien et du Nouveau Testament, dont le maître ou la maîtresse lirait un passage tous les jours ; ou si, comme moi, on le jugeait utile, l'on pourrait y joindre un court abrégé d'histoire sacrée composé exprès pour les enfans, aussi bien qu'une géographie de la Bible. Quant à l'histoire en général, je pense que les enfans pourraient apprendre beaucoup, à l'aide d'un bon traité de géographie, tel que la géographie de Parley qui est admirablement propre à leur communiquer des connaissances historiques, géographiques et morales qui leur sont nécessaires, et à laquelle l'on pourrait faire quelques changemens, pour le mieux adapter à l'usage de nos écoles. J'attache une grande importance à la géographie, si elle est bien enseignée. Ceux qui voudront se procurer une meilleure éducation, pourront aller à l'école modèle où ils trouveront les moyens de se perfectionner.

213. Il est impossible de déterminer combien de tems l'on devra tenir les enfans aux écoles élémentaires ; leurs progrès, ou leur défaut de succès, mettront les parens et les Instituteurs en état de connaître et suivre la marche convenable à cet égard.

LETTRE XLII.

214. Il est un autre sujet qui est digne de la considération du public, c'est la durée de l'année scolaire. Les enfans devront-ils, à l'exception de quelques semaines de vacances, fréquenter les écoles durant l'année entière, ou bien l'époque de l'entrée et de la clôture des écoles, devra-t-elle être, de suite, déterminée par la loi des écoles ?

215. Dans d'autres pays, du moins dans les sections rurales, la durée des cours, est quelquefois limitée à huit mois sur l'année, suivant les circonstances. En Canada, il ne doit pas en être ainsi, suivant moi ; si l'on peut se procurer des maîtres compétens, je pense qu'il sera mieux et plus avantageux au système et aux enfans, de tenir les écoles ouvertes dans toutes les saisons, pourvû qu'une vacance raisonnable soit accordée, l'une en hiver, (vacance de Noël) et l'autre en été (vacance de mi-été.)

216. Ces vacances seront doublement avantageuses ; elles procureront aux enfans, un repos qui leur est indispensable, et elle donneront aux maîtres d'écoles élémentaires, l'occasion de fréquenter les écoles modèles du Comté, pour s'y perfectionner. Chaque vacance pourra être de trois semaines.

217. Il est évident que les vacances pour les écoles modèles, devront avoir lieu à des époques différentes de celles que l'on accordera aux enfans des écoles élémentaires.

218. La loi des écoles devrait être précise sur ce point, je veux dire qu'il devrait y être déclaré que les écoles se tiendront toute l'année, sauf et excepté quelques vacances, dont le Surintendant déterminera l'époque et la durée.

219. J'ai déjà suggéré la convenance que les Gardiens des écoles, les visitassent souvent, sans avis préalable, afin de pouvoir mieux juger des progrès des enfans, ainsi que de la compétence des maîtres. Qu'il me soit maintenant permis d'ajouter, qu'il devrait y avoir dans chaque école, à la veille des vacances, un examen qui ne fût pas précédé de préparatifs mécaniques comme on en voit dans la plupart des institutions publiques ; les parens s'y rendraient, leur présence encouragerait les maîtres et les écoliers, et serait une source de satisfaction pour toutes les parties.

220. Il devrait être tenu un Régistre, afin de perpétuer d'année en année, les noms des enfans de meilleure conduite et de plus grande capacité, avec tels commentaires sur leur conduite méritoire, qui seraient propres à les faire regarder comme dignes d'imitation par leurs compagnons, ou ceux qui les suivront. La même règle pourrait avoir son application dans toutes les écoles. J'anticipe les meilleurs résultats de ce procédé, si on le suit.

221. A chaque examen public, le Régistre devrait être accessible au public, ce qui serait un moyen de surveillance efficace sur le maître, pour qu'il s'acquittat strictement de ses devoirs ; et ce serait aussi un aiguillon des plus encourageans pour les élèves.

222. L'on pourrait donner des prix ou marques de distinction, aux enfans qui se seraient le mieux comportés, et auraient eu le plus grand succès dans leurs études, durant l'année ; des livres seraient couteux, mais des guirlandes de feuilles d'érables, feraient aussi bien, sans avoir l'inconvénient de causer des dépenses inutiles.

223. Ainsi, l'on devrait invariablement adopter, et ensuite mettre en pratique avec une fermeté tempérée par la prudence, tout ce qui peut récompenser le mérite, et encourager les enfans ; et l'on devrait faire tout ce qui pourrait servir de contrepoids ou de correctif aux inclination, vicieuses ou à la mauvaise conduite. A cette fin, l'on pourrait tenir un autre Régistre ou Journal, auquel l'on donnerait le nom de "Rôle de Mérite" ou "Journal de Classe," dans lequel on ferait tous les jours une entrée de l'assistance, des études et de la conduite de chaque écolier, et dont on pourrait lire un Rapport, toutes les semaines, en présence de toute l'école.

LETTRE XLIII.

224. Le Surintendant n'omettra pas sans doute, et il sera de son devoir de le faire, de rédiger un code de règlemens que les Instituteurs devront lire publiquement dans l'école, immédiatement après le commencement des cours, lorsque le système sera d'abord mis en opération, et ensuite, au retour des vacances, et à tel tems qu'on jugera convenable, suivant les circonstances. .

225. Ces règlemens devraient être exposés à la vue des enfans, dans l'école, et mis à exécution inflexiblement, mais non tyranniquement.

226. L'expérience prouve que les châtimens corporels dégradent au lieu d'élever à leurs propres yeux, les infortunés enfans qui sont ainsi les victimes de la discipline de la harre ou de la ferrule. Si cette manière d'envisager le sujet est correcte, et je me persuade qu'il n'y aura là-dessus qu'une opinion, je ferai quelques suggestions qui me paraissent palpablement praticables, m'abstenant d'entrer dans aucune discussion à cet égard.

227. L'éducation étant à proprement parler, physique, morale, intellectuelle et sociale, un vaste champ s'ouvre devant le Surintendant, s'il fait un usage discret et raisonnable de son autorité ; et si l'on suit judicieusement la marche qu'il prescrira, l'énergie réunie et simultanée tant du chef de tous les départemens, que de tous qui co-opéreront avec lui, suffira pour tenir les esprits des enfans dans un tel état d'activité, qu'il ne faudra, pour empêcher le mal, aucune punition brutale et dégradante.

228. Dans la Maison de Refuge pour les jeunes délinquens, à Boston, les châtimens corporels sont prohibés, et pourtant, un assemblage d'enfans naguère indociles, abandonnés et vicieux, est ramené et dirigé facilement et efficacement dans le sentier de la conversion, de la vertu et de l'utilité ; ils deviennent bien instruits, et d'une carrière de débauche, ils passent è'une vie d'ordre et de sobriété ; merveille qu'opère une discipline d'un caractère élevé et élevant, et dont les résultats démontrent l'excellence.

229. Dira-t-on que les enfans d'une population vraiment morale, dont la plupart sont envoyés à l'école avant d'être souillés par le vice, seront tellement in-

traitables, qu'ils mettront en défaut, l'opération bienfaisante d'une discipline au moyen de laquelle des vagabonds, ou des garçons et des filles de mauvaise conduite, sont rappelés au sentiment de leur propre dignité, et marchent ensuite avec fermeté, dans le chemin de la vertu ?

230. Je prie le public, ainsi que ceux qui seront appelés à prendre part au fonctionnement du système, de réfléchir sérieusement sur ces importantes considérations. La férule est sans doute un traitement bien *actif*, et qui peut épargner beaucoup de trouble au maître qui n'est pas ami des influences morales ; mais il doit s'attendre à une moisson abondante de fruits bien amers, et à rendre bien malheureuse l'infortunée jeunesse confiée à ces soins, s'il entreprend de rabaisser les enfans d'un peuple éminemment moral, au-dessous des habitans d'une maison de Refuge pour les jeunes délinquens.

231. Dans la vue de faire comprendre d'une manière pratique, ce que j'ai observé ci-haut, je crois devoir suggérer la constitution suivante, s'il m'est permis de l'appeler ainsi, pour la discipline morale de l'intérieur des écoles.

232. Que l'on divise chaque école en trois classes, l'une des enfans les plus sages, l'autre de ceux qui ne se comportent pas bien, et la troisième des enfans méchans et indociles.

233. Lorsqu'une infraction aux règlemens sera commise, que le délinquent soit traduit devant un juré composé de douze garçons ou douze filles de la première classe, que l'on prendra à tour de rôle ; que le preuve se fasse, et que la punition soit de suite infligée, en conformité aux règlemens qui l'auront prescrite.

234. S'il arrivait qu'il n'eût pas été pourvu à l'offense, par les règlemens, il faudrait suivre le même mode d'enquête, et laisser au maître ou à la maîtresse de déterminer quel genre de punition devra être infligé. Il ne devrait y avoir de verdict de coupable, que lorsque les neuf jurés seraient d'accord à le rendre, autrement, l'accusé devrait être acquitté.

235. Le procès devrait se faire en présence de toute l'école ; les jeunes jurés étant continuellement assujétis à une surveillance rigoureuse, se piqueraient d'honneur, et se feraient un devoir d'apporter du soin dans leurs investigations, et de l'impartialité dans leurs verdicts. Il ne faut pas un esprit bien supérieur, pour voir de suite, quels seront inévitablement les effets d'un tel système. Une recherche soigneuse de la vérité, une habitude pratique d'envisager et de traîter les questions qui leur seront soumises, un exercice salutaire et sain pour former de bons jugemens, et l'accomplissement impartial, juste et ferme d'un devoir aussi important qu'honorable.

236. L'émulation et une louable ambition de parvenir à la première classe, ou de la troisième monter à la seconde : et d'un autre côté, la crainte d'être ex-

pulsé de la première, pour prendre place dans la seconde, et d'être réduit finalement au niveau de la troisième, aurait une influence morale extrêmement puissante.

237. Il est bien entendu qu'on ne devrait avoir recours qu'à des moyens d'influence morale, soit dans les punitions, soit dans les recompences telles qu'entre autres, la privation du droit et du privilége d'être juré etc., matière d'une haute importance, dont les détails devront être entièrement réglés par le Surintendant, dans les réglemens qu'il fera.

238. Si après une épreuve suivie, raisonnable et judicieuse, suffisante pour convaincre le maître ou la maîtresse, de leur méchanceté extrême, quelques enfans étaient marqués comme incorrigibles, il faudrait, comme de raison, les renvoyer à leurs parens.

239. Ce ne sont là que des suggestions, susceptibles, sans doute, d'être modifiées pour le mieux ; elles peuvent d'ailleurs suffire pour faire réfléchir nombre de personnes, et faire naître le plan d'une constitution pour les enfans, qui puisse mieux assurer la discipline morale de l'intérieur des écoles.

LETTRE XLIV.

240. S'il importe du tout, de faire usage des influences morales pour mieux conduire les écoles, il ne faut pas s'arrêter en-déça de ce qui pourrait ajouter un poids additionnel à cette influence, ou ce qui pourrait en restreindre l'opération bienfaisante.

241. Tout ce qui est de nature à faire naître ou encourager un esprit de délation, devrait être évité et proscrit. Les délateurs, sont toujours bas, et ils sont généralement traîtres. Pour se maintenir dans une situation quelconque d'autorité, de surveillance ou de délation, dans laquelle l'on aura pu les placer, ils seront bien exposés à avoir recours à des moyens indignes d'une âme élevée et honorable.

242. Les maîtres nomment souvent des moniteurs pour surveiller leurs compagnons d'écoles ; ces moniteurs se rendent coupables des impropriétés sus-mentionnées, ou sont très exposés à se rabaisser dans leur propre estime, et celle de leurs compagnons. Outre cela, il s'allume souvent, un esprit de haine et de vengeance, dans le cœur d'enfans qui étaient peut-être, avant cela, des amis sincères. La coercition ou l'intimidation employées par le maître, pour donner suite à une autorité imprudemment déléguée, ou pour soustraire au ressentiment de leurs compagnons, les écoliers qu'il aura revêtus d'un pouvoir passager mais nuisible, pourront empêcher les explosions ; mais, en dépit de ces précautions, il y a dans le sein de celui qui est opprimé ou qui se regarde comme tel, un feu qui couve, et qui tôt ou tard, éclatera, et aura les suites les plus fâcheuses.

243. Le maître devrait donc conduire son école de telle manière, et devrait avoir assez de pénétration que fortifieraient la vigilance et l'énergie, pour se dispenser d'avoir recours aux offices odieux et méprisables de délateurs, et d'espions.

244. Ceux qui seront appelés à surveiller la construction des maisons d'écoles, ne pourront pas apporter trop de soin à la distribution intérieure, le placement et la disposition de sièges etc. de telle façon, que le maître puisse découvrir tout ce que les enfans tenteraient de lui cacher, durant les heures d'écoles.

245. Bien envisagée et judicieusement administrée, la constitution morale que j'ai ébauchée dans la Lettre précédente, pourrait, je crois, à l'aide de l'énergie et du bon sens pratique du maître ou de la maîtresse, suffire pour assurer l'ordre et la régularité dans l'école, élever au lieu de rabaisser les enfans à leurs propres yeux, ou dans l'estime de leurs compagnons, empêcher qu'il ne naisse et ne s'attise des ressentimens violens et très dangéreux, et soustraire nombre de jeunes personnes au sort de devenir par la suite, nuisibles à la société.

246. Je me flatte qu'on ne trouvera pas mauvais que j'aie ainsi exprimé franchement mon opinion, sur une coutume qui existe, peut-être, dans beaucoup d'écoles. Je n'ai eu aucune intention d'offenser qui que ce soit, je ne mêts pas en question les motifs, je ne fais qu'indiqner ce que je regarde comme un procédé mal avisé, et une conduite errqnée chez nombre d'Instituteurs.

LETTRE XLV.

247. L'on peut bien concevoir un système uniforme d'éducation, et sa mise à exécution, est souvent une preuve certaine de sa bonté, c'est fort bien. Mais les Instituteurs ne doivent pas s'imoginer qu'il leur faudra agir de la même manière à l'égard de tous les enfans, s'il veulent les assujétir à l'influence salutaire de ce système uniforme d'instruction.

248. Les différens caractères, les dispositions diverses, l'enfant doux, l'indocile, le capricieux, celui qui est entêté, un autre qui est studieux, le paresseux, ne doivent pas être traîtés de la même manière ; il est inutile au maître de s'attendre à réussir, s'il ne s'applique pas avec le plus grand soin, à explorer les facultés et les dispositions des enfans, et si du moment qu'il les connait, il n'adopte pas une méthode propre à communiquer l'instruction, suivant chaque caractère ou tempérament.

249. La justesse de ce que j'ai déjà observé relativement à la convenance qu'il y a que les maîtres se bornent à s'acquitter de leurs devoirs, est frappante. La marche que j'ai indiquée n'est pas sans difficultés, c'est tout le contraire. Il faudra tout le tems du maître, et qu'il appèle à son secour toute son énergie, s'il veut s'acquitter honnêtement de ses devoirs, rendre justice à ses élèves, et obéir à sa conscience.

250. Il est donc évident que l'importance de la charge du maître que l'on dirigera, ainsi que de celle du Surintendant et des Inspecteurs qui dirigeront, est telle, qu'elle doive en faire éloigner toute chose qui serait étrangère à leurs devoirs d'éducation, sous peine de renvoi ou déplacement.

251. Afin d'éviter de me répéter, je réfère à ce que j'ai dit à la Lettre IX, on en verra, de suite, l'application à cette partie du sujet.

252. Il sera du devoir du Surintendant de donner, à l'aide de ses admonitions et de ses avis imposans, salutaires et judicieux, une telle direction à la marche du système, qu'elle assure une adhésion convenable aux reglemens fondés sur les principes ci-dessus exposés ou tels autres que l'on jugerait meilleurs, qu'il devra préparer, pour mieux assurer la discipline et l'ordre dans les écoles.

253. En cela, nous avons une nouvelle preuve de la vérité de ce que j'ai dit, des qualifications qui devront se rencontrer chez le Surintendant et les Inspecteurs, de l'importance de choisir avec discrétion ces fonctionnaires, et de la responsabilité qu'encourra l'Exécutif, si ces choix ne sont pas convenables.

254. Le lecteur sera peut-être bien aise de donner quelques momens d'attention aux Lettres XV, XXIII et XXVII ; les avis qu'elles renferment, pourront, je crois, faire éviter des erreurs graves, et produire des avantages considérables, à la cause de l'éducation.

255. Il est un autre sujet sur lequel je ne crois pas devoir m'étendre au long, persuadé comme je le suis, que le Surintendant ne négligera aucunement, une matière aussi importante, je parle de réglemens sur la politesse, les égards mutuels, le maintien convenable, et tout ce qui se rattache aux rapports sociaux et habituels entre les enfans eux-mêmes, ainsi qu'entre les enfans et leurs Instituteurs. Quant aux devoirs des premiers envers leurs parens, c'est aux sein des familles, et du haut de la chaire, qu'on devra les leur enseigner.

256. Que les parens se rappèlent bien que sans leur co-opération, les efforts pénibles et persévérans des maîtres pour diriger les enfans dans la bonne voie, seront souvent infructueux ; et qu'ils auront à répondre dans cette vie et dans l'autre, de la négligence ou du mauvais exemple dont ils se seront rendus coupables à cet égard.

LETTRE XLVI.
L'EDUCATION DES FEMMES.

257. L'on me permettra d'ajouter à ce que j'ai déja dit sur ce sujet, les excellentes observations qui suivent, elles sont de la plume de Mme. Catherine E. Beecher.

"Pour qu'une nation soit religieuse et vertueuse, il faut que les femmes de cette nation, soient imbues de ces principes; car à proportion de ce que les épouses et les mères monterront ou descendront dans l'échelle de la vertu, de l'intelligence et de la piété, les époux et les enfans s'élèveront ou tomberont . .

. . . . . . , ...

"Un autre objet qu'il faut avoir en vue dans l'éducation des femmes, c'est d'introduire dans les écoles, un cours de discipline intellectuelle et morale, et de donner aux habitudes mentales et personnelles, une attention qui soit de nature à préparer la femme et la qualifier à remplir les devoirs qui lui sont *particuliers*. Quel est le devoir particulier et le plus important de la femme ? C'est l'éducation physique, intellectuelle et morale des enfans. C'est de prendre soin de la santé, et de former le caractère du citoyen futur. . . . .

. . . . r . . . . . .

"La femme, quelques soient ses rapports dans la société, est nécessairement a gardienne de la jeune famille, la compagne de l'enfance, et le modèle continuellement offert à leur imitation. C'est de sa main, que l'âme de l'enfant reçoit la première impression qui ne s'effacera plus. Est-il quelque chose qui demande autant de discrétion, d'énergie et de patience, autant de tendresse, d'amour et de sagesse, autant de pénétration pour discerner, de flexibilité pour modifier, de capacité pour agir, et de fermeté pour persévérer, que la conduite et l'éducation des différens caractères et des dispositions variées qui se rencontrent au sein de la famille, et de l'école ? C'est aussi la femme qui doit être le génie régulateur de mille détails d'affaires domestiques qui nécessitent des habitudes d'industrie, d'ordre, de propreté, de ponctualité et de soins assidus. Et c'est pour la qualifier à remplir des devoirs aussi variés, que la femme doit être éduquée. C'est pour cela qu'il faut cultiver et perfectionner ses sympathies affectueuses, son imagination ardente, son tact et son invention et sa vive pénétration ; en même tems qu'il faut former et soutenir d'autres habitudes moins intimes, telles que l'attention suivie, le jugement calme, l'action ferme, et le sang-froid habituel. "

258. Les observations saines et pratiques de Mme. Beecher, devraient être lues attentivement, et relues et méditées par les parens, les maîtres et le public généralement. C'est dans les écoles normales où cela se comprendra mieux d'abord, que doit être jetée la base d'un système d'éducation religieuse, morale et phisique pour les femmes qui seront assujéties à l'opération du présent, ou

de quelque autre système d'Education Elémentaire et Pratique. Des écoles normales, l'influence d'une direction aussi sage, s'étendra bientôt aux écoles modèles, et de là, se communiquera vigoureusement aux écoles élémentaires.

259. Je n'ajouterai rien sur ce sujet important, c'est inutile. Je crois avoir suffisamment déterminée la direction de l'esprit du public vers des considérations qui doivent avoir du poids auprès de la plupart des gens qui sans doute, en verront de suite l'application pratique ; et convaincus comme chacun le doit être, que les véritables et plus chers intérêts de la société, sont gravement affectés par le bien ou le mal que font les femmes, il est assez probable que nombre de gens donneront à ce sujet, toute l'attention dont ils sont capables.

260. Je pressens donc les plus heureux résultats, si l'éducation des femmes reçoit dans son enfance, l'impression inéfaçable de la religion, de la vertu et de l'ordre. Je termine cette partie de mon sujet, en laissant au Surintendant, le soin de faire des réglemens, et à tous les autres départemens du système des écoles, celui de s'y conformer strictement.

LETTRE XLVII.

261. Il ne reste plus que peu de chose à dire pour finir l'ébauche du système d'Education Elémentaire et Pratique, que j'ai soumis à la considération du public. C'est bien à propos en effet, que je me sers du mot ébauche, car eussé-je entrepris de m'occuper de tous les détails d'un tel système, je me trouverais à clore mes lettres, sans avoir fait beacoup de suggestions qui sont très utiles.

262. Il est encore quelques observations pratiques qu'on ne regardera pas, sans doute, comme hors de saison.

263. Et d'abord, comme l'étude de la géographie est d'une grande importance, et plus propre qu'aucune autre, à intéresser les enfans, et à leur faire aimer les livres et contracter le goût de la lecture, étendre la sphère de leurs idées, diminuer leurs préjugés en leur fesant voir qu'il est nécessaire qu'il existe des rapports continuels entre toutes les nations de la terre, et qu'elles s'entr'aident mutuellement, en leur montrant comment ces rapports ont lieu, et comment elles s'entr'aident ainsi mutuellement, et enfin comme la géographie est un moyen d'établir et mettre hors de tout doute, la vérité de la partie historique de l'Ancien et du Nouveau Testament, il est évident qu'on la doit enseigner de manière à amener des résultats aussi avantageux.

264. On ne devrait pas épargner les Atlas. Mais comme les Cartes et les Atlas ne représentent que la surface du Globe, la forme des Continens, des Iles, des Mers, des Lacs, des Rivières etc, les enfans ne pourront jamais avoir une idée exacte de la figure sphérique de la terre, sans le secours d'un petit globe quelque petit qu'il soit. Je suggère donc que l'on en ait un dans chaque école le coût n'en serait qu'une bagatelle, et l'on pourrait s'en procurer bien facilement

263. Si l'on publie, et si par la suite on fait usage dans les écoles, de ma traduction en français, de l'excellente géographie connue sous le nom de "Géographie de *Peter Parley*," (*Peter Parley's Geogrrphy*) avec certains changemens et additions que j'ai cru devoir y faire pour mieux l'adapter au Canada, elle sera accompagnée d'un supplément que j'y ait joint, afin d'expliquer aux enfans, d'une manière facile et familière, plusieurs phénomènes de la nature qu'ils ont habituellement sous les yeux, sans pouvoir s'en rendre compte, tels que la succession du jour et de la nuit, celle des saisons, les marées, les phases de la lune étc.; l'on pourrait faire usage d'un autre petit globe sur lequel seraient tracées des lignes et des figures propres à faciliter l'intelligence du supplément.

266. La planche noire est également utile, l'on peut s'en servir avec avantage, non seulement dans l'enseignement de l'arithmétique, mais aussi, de la grammaire, de l'analyse et de la géographie; il devrait donc y en avoir une dans chaque école.

267. Il y a, comme de raison, beaucoup d'autres choses liées intimement à la meilleure méthode d'enseigner. J'ai donné une attention toute particulière à différens systèmes, et j'ai là-dessus une opinion bien arrêtée, qu'il serait trop long de développer ici. Ce sera au Surintendant qui devra être, surtout, un homme pratique, à consacrer tout son tems, et à déployer toute son énergie pour faire ce qui conviendra, et assurer le succès du système.

CONCLUSION.

J'ai franchement soumis au public, mes vues sur l'éducation. N'ayant qu'un but à atteindre, sans aucune ambition personnelle à satisfaire, je me suis invariablement et sans relâche, appliqué à proposer un système dont le fonctionnement s'il est mis à exécution, tournera à l'avantage de tous.

Les distinctions nationales et religieuses, celles de sectes, et toutes autres également absurdes et nuisibles, ont été attaquées, et je me flatte d'avoir suggéré des moyens propres à tempérer les préjugés, rétablir la confiance, répandre les connaissances élémentaires et pratiques, et assurer à toutes les classes, quelques soient leur origine, leur croyance religieuse ou leur politique, une garantie pleine et entière, que nulle atteinte ne sera portée à leurs droits et à leurs priviléges. La science étant le droit universel, le devoir universel, et dans l'intérêt universel de l'homme et du Gouvernement, quel autre qu'un système d'éducation propre à maintenir ce droit, assurer l'accomplissement de ce devoir, et fonctionner dans l'intérêt de l'homme et du Gouvernement, pourrait-on jamais, avec aucune chance de succès, tenter de mettre en mouvement, de ce côté-ci de l'Atlantique ?

Le Gouvernement, le Clergé et le Peuple doivent, suivant moi, partager également la direction et la responsabilité du système ; j'ai donné mes raisons à l'appui de cette opinion. Ayant une profonde conviction que dans l'état actuel de la société en Canada, tels doivent être la base fondamentale et le principe vital d'un plan d'éducation, je me suis efforcé de maintenir cette position, et dans cette vue, j'ai proposé un système qui me parait devoir nous mener à ce résultat important.

Les ministres de la religion, les politiques et les ultras de toutes les écoles, n'auront aucun sujet raisonnable de se plaindre. Le dogme sera à l'abri de toute atteinte, l'éducation réligieuse, morale et pratique se répandra ; les précepteurs de l'un et de l'autre sexe ne pourront sous peine de renvoi, se mêler de politique ; jusqu'aux départemens supérieurs du système, qui seront également affranchis de toute souillure politique ; l'on s'efforcera de faire disparaître les distinctions nationales, et les maîtres seront punis de la perte de leurs situations, s'ils les encouragent, ou ne les découragent pas. Le Surintendant et les Inspecteurs pourront être accusés, (*impeached*) s'il leur arrive jamais d'en agir autrement.

Le Surintendant et les Inspecteurs doivent être nommés durant bonne conduite, ils pourront par conséquent agir avec indépendance ; sans avoir égard aux menaces du Gouvernement et à la clameur populaire, ils ne reconnaîtront d'autre autorité, que la loi et leurs consciences. S'ils enfreignent les lois, ils seront traduits devant un tribunal qui non seulement offrira des garanties suffisantes de son impartialité, mais qui sera même au-dessus du soupçon.

Il suffira de parcourir attentivement les lettres qui précèdent, pour se convaincre que l'on pourra maintenir un équilibre parfait dans tous les départemens, si l'on a égard aux suggestions qu'elles renferment.

Les moyens de donner suite à ce qui a été proposé, sont palpablement praticables. Il faut un fond permanent pour l'éducation (*a permanent school fund*) et une taxe directe que l'on a prouvée devoir peser beaucoup plus légèrement sur le peuple, que ne le feraient des contributions indirectes ; l'un et l'autre feront naître cet intérêt pour l'instruction, qui manque, et qui est si essentiel au progrès de l'éducation, et feront que le fond ira toujours croissant.

La conduite et la direction intérieures des écoles, la dernière mais non la moins importante partie du système, dont il a été question, est d'une exécution bien peu difficile, si l'on se conforme à ce que je regarde comme nécessaire à leur opération. L'éducation religieuse, morale, phisique et sociale des enfans sera également assurée, sous la protection de lois dont la promulgation sera une garantie complète, pour toutes les classes de la société.

Un trait bien frappant dans le système, c'est la publicité dont seront marqués les procédés dans tous les départemens. La rigoureuse responsabilité à la Législature, à laquelle seront astreints les départemens supérieurs, ajoutera un grand poids à l'influence salutaire de cette publicité.

La prospérité de notre patrie commune, l'élévation morale du peuple, le bonheur des générations futures, dépendront essentiellement du dégré d'instruction que l'on répandra. Qu'aucune considération n'empêche qui que ce soit, d'épouser, appuyer et avancer la cause de l'éducation ; nous nous le devons à nous mêmes, nous le devons à nos enfans et à la postérité. Ne nous flattons jamais de pouvoir apprécier, et maintenir intactes, des institutions libérales, si l'on n'instruit pas le peuple.

Les établissemens temporaires et incertains, pour l'éducation de la jeunesse, ont produit de si grands maux dans cette province, qu'il ne peut guère y avoir diversité d'opinions sur la nécessité d'adopter un système fixe et permanent, un système qui soit tel, que ni les tourmentes politiques, ni les accidens, en puissent entraver l'opération, et priver la génération croissante, des bienfaits de l'éducation

L'on doit s'attendre que la Législature, dès sa première Session, s'occupera sérieusement de la cause de l'Education Elémentaire et Pratique, et que les trois branches de notre Parlement, donneront, par là, une preuve incontestable de leur patriotisme.

APPENDICE.

ÀPPENDICE.

L'Aperçu qui suit, quoique incomplet, pourra être de quelque utilité pour déterminer le principe qui devra régler la dépense. D'un côté de cet Aperçu, se voit la proportion des argens qu'il faudra tirer du fond permanent, l'autre indique quelle partie de la dépense, il faudra réaliser, au moyen de votes de la Législature.

Il s'écoulera quelque tems avant que le fond permanent d'éducation soit assis sur une bâse solide ; il deviendra donc nécessaire de remplir le "déficit," au moyen de dispositions législatives.

L'objet que l'on a en vue, en obligeant les localités de se taxer au montant de certaines allocations de la Législature, avant de les pouvoir toucher, est de faire naître de l'intérêt pour l'instruction, et d'augmenter le fond pour l'Education.

DU FOND PERMANENT.	£. s. d.	A ETRE PRELEVÉ PAR TAXES OU COTISATIONS.	£. s. d.
Ou jusqu'a ce que ce fond soit assis sur une base solide, partie de ce fond, et partie au moyen de votes de la Législature.		*Aucune allocution ne pouvant être touchée par la localité, ou l'arrondissement, avant qu'il sesoit cotisé ou qu'il ait été taxé d'un montant correspondant.*	
ANNUELLEMENT.		**ANNUELLEMENT.**	
MAITRES DES ECOLES ÉLEMENTAIRES. *		MAITRES DES ECOLES ELEMENTAIRES.	
Chaque maître dans les écoles élémentaires, devrait avoir soit £40 (outre le logement et le chauffage.) £15 0 0		. . . . . . £25 0 0	
OU			
£50 (sans le logement et chauffage) £20		. . . . . 30 0 0	
A £30 le maître ne recevrait que £2 10 par mois, =1ᵻ8 par jour (outre le logement et le chauffage·) A £40, il aurait £3 10 0 par mois, =2ᵻ4 par jour outre le logement et le chauffage.) A £50, £4 3 4 par mois, =4ᵻ5 1 13-15 par jour, outre logement et chauffage.			
ACHATS DE LIVRES, ARDOISES, ETC. POUR LES ECOLES ELEMENTAIRES.		ACHATS DE LIVRES, ARDOISES, ETC. POUR LES ECOLES ELEMENTAIRES. *Montant correspondant à être prélevé par la localité.*	
MAITRES DES ECOLES MODELES. Chaque maître dans une école modèle (outre le logement et le chauffage.) £70, £40 0 0.		MAITRES DES ECOLES MODELES. £30 0 0	
OU			
(Outre le logement, le chauffage devant être à la charge du maître.) £80, £50		. . . . 30 0 0	
ACHATS DE LIVRES, ARDOISES ETC. POUR LES ECOLES MODELES.		ACHATS DE LIVRES, ARDOISES, ETC. POUR LES ECOLES MODELES. *Montant correspondant à être prélevé par la localité.*	

* Le mot maître doit s'entendre des maîtres de l'un et de l'autre sexe.

	£	s.	d.		£.	s.	d.

PROFESSEURS DES ECOLES NORMALES.†
Chaque Professeur £300—cinq. . .   **1500 0 0**

Pour chaque Ecole Normale.
Pour la "liste des indigens," aux fins
d'aider à soutenir ceux des écoliers qui
seront envoyés à l'Ecole Normale,
dont les moyens pécuniaires seront tels
qu'ils nécessitent des secours, chaque
École Normale £300. . . .   **1500 0 0**

Pour achats de livres, apparatus etc. pour
chaque école normale, 1ère année £100.   **500 0 0**

Chaque année ensuivante £30. .   **150 0 0**
Loyer de chaque maison d'école normale

PROFESSEURS DES ECORES NORMALES.
Les depenses de ce département, à être
défrayées exclusivement à même les allocations de la législature, qu à même
le fond permanent.
Il ne faudra donc aucune taxe, ni cotisation locale.

POUR BATIR DES MAISONS D'ECOLES.
Maisons d'ecoles élémentaire, 1ère année
(1-2 de la somme requise.)
2de et chaque année ensuivante
(le montant entier requis.)
Maisons d'écoles modèles, 1ère année
(1-2 de la somme requise.)
2de et chaque année ensuivante
(le montant entier requis.)

POUR BATIR DES MAISONS D'ECOLES.
Maisons d'écoles élémentaires,
1ère année, taxe locale pour 1-2 la
la somme requise.
2 et autres an., do au mont. cor. cntier.
Maisons des écoles modèles,
1er année, taxe locale, pour 1-2 de la
somme requise.
2 et autres an., do au mont. cor. entier

REPARATIONS DES MAISONS D'ECOLES.

REPARATIONS DES MAISONS D'ECOLES.
Ces dépenses à être défrayées exclusivement à même le fond permanent, ou à
même les allocations de la Législature.
Il ne faudra donc aucune taxe ou cotisation locale.

FOND D'ENCOURAGEMENT.
A chaque garçon et chaque fille, dans l'é-
cole modèle, qui aura donné caution
de suivre l'état de maître ou maîtresse
(tel qu'expliqué Lettre XXXIV, No.
156, £2. . . . . .

FOND D'ENCOURAGEMENT.
Se tirera du fond permanent, ou des allocations de la Législature.—Il faudra
par conséquent, aucune taxe ni cotisation locale.

INSPECTEURS.
Chaque Inspecteur. . .   **500 0 0**
A chacun d'eux pour frais de voyages.   **100 0 0**

INSPECTEURS.
A être payés exclusivement à même le
fond permanent, ou sur allocations de
la Législature.
Do do do do do do
Il ne sera besoin d'aucune taxe ou cotisation locale.

SURINTENDANT.
Son salaire annuel.. .   **1000 0 0**
Loyer d'un bureau public. :
Salaire d'un Secrétaire.
Papier etc. dans le Bureau, et pour im-
pression etc.. . . .
Un Messager.

SURINTEDANT.
Les dépenses de ce département important à être défrayées à même le fond
permanent ou au moyen d'allocations
de la Législature.
Il ne faudra par conséquent, taxer ni cotiser les localités pour cet objet.

DIFFERENS DEPARTEMENS.
Papier etc. frais d'impressions etc.

DIFFERENS DEPARTEMENS.
Sur le fond permanent etc. . Point de
taxe, ni cotisation locale.

TRESORIERS DE DISTRICTS ET DE CI-
TES.
Allouances additionnelles pour devoirs
additionels. . . .

TRESORIERS DE DISTRICTS ET DE CITES
Ces dépenses à être prises sur le fond
permanent, ou défrayées à même des
allocations de la Législature. Ce qui
par conséquent ne nécessitera aucune
taxe ou cotisation locale.

TRESORIER AUX TROIS RIVIERES.
Son salaire (voyez ci-contre ☞)

TRESORIER AUX TROIS RIVIERES.
Le salaire de cet officier, devra être payé
entièrement par la ville des 3Rivieres

BIBLIOTHEQUES D'ARRONDISSEMENS
D'ECOLES.
Par la suite. , . . .

BIBLIOTHEQUES D'ARRONDISSEMENS.
D'ECOLES.
Montant correspondant à être prélevé
par chaque localité.

ARRONDISSEMENS INDIGENS.

ARRONDISSEMENS INDIGENS.

CPSIA information can be obtained
at www.ICGtesting.com
Printed in the USA
BVHW091029191118
533514BV00008B/961/P